Raffaello Sanzio

이토록
매력적인
철학

이토록 매력적인 철학

아테네 학당에서 듣는 철학 강의

1판 1쇄 찍은날 2021년 6월 30일
1판 4쇄 펴낸날 2022년 11월 10일

지은이 | 김수영
펴낸이 | 정종호
펴낸곳 | 청어람e

책임편집 | 여혜영
마케팅 | 강유은
제작·관리 | 정수진
인쇄·제본 | (주)에스제이피앤비

등록 | 1998년 12월 8일 제22-1469호
주소 | 03908 서울 마포구 월드컵북로 375, 402호
이메일 | chungaram_e@naver.com
전화 | 02-3143-4006~8
팩스 | 02-3143-4003

ISBN 979-11-5871-178-8 03160

청어람 e)) 는 미래세대와 함께하는 출판과 교육을 전문으로 하는 청어람미디어의 브랜드입니다.
어린이, 청소년 그리고 청년들이 현재를 돌보고 미래를 준비할 수 있도록 즐겁게 기획하고 실천합니다.

이토록 매력적인 철학

아테네 학당에서 듣는 철학 강의

김수영 지음

청어람e))

차례

고대 그리스의 철학을 공부하기로 마음먹고 책들을 읽기 시작한 지 꽤 오랜 시간이 지났습니다. 맨 처음 플라톤의 철학을 접했을 때 무엇이 그토록 제 마음을 흔들었는지 이제는 분명치 않지만, 그의 문장을 읽는 것은 지금까지도 여전히 아주 행복한 일입니다. 복잡한 문장들이 감추고 있는 의미들이 하나하나 또렷이 눈앞에 떠오르게 되면 뛸 듯이 기쁘고, 어지럽게 논리가 펼쳐지면 기어코 따라잡고야 말리라는 의욕으로 뜨거운 생기가 전신을 감쌉니다. 물론 다른 일로 인해 방해받지 않는다는 전제 아래 그렇습니다. 해결해야 할 일상의, 혹은 다른 업무의 과제들이 많아지면 플라톤의 문장에 손을 뻗을 생각도 잘 나지 않거니와 혹시 무엇인가를 잡는다고 해도 이내 지친 마음에 책을 내려놓게 되지요.

철학을 공부하고 철학에 대해 생각하는 일이 마냥 즐겁지만 않을 때는 또 있습니다. 남들에게 강의하면서 철학을 설명해야 할 때입니다. 물론 제가 공부한 바, 제가 생각한 바를 잘 설명하면서 타인에게 이해와 공감을 구하는 행위는 때로는 매력적인 일임이 틀림없습니다. 그러나 듣는 이들이 제 설명을 어려워할 때 참으로 곤란하고 무기력해집니다. 물론 얼마든지 이해할 수 있습니다. 이론적인 추상성을 극단으로까지 몰고 가는 것이 철학이라는 학문이 가지고 있는 본성 중의 하나이니, 설명하고 있는 강의자도 자신의 논리를 지탱하며 나아가기 어려운 법인데 듣는 이들이야 오죽하겠습니까. 그러나 그 위태롭고 긴 길을 무심하게 걸어가는 것, 그것이야말로 철학이라는 학문이 오래전부터 해왔던 일입니다. 그래서 저는 강의 혹은 강연은 가급적 쉬워야 한다는 세간의 당위를 별로 탐탁지 않게 생각하는 사람 중 하나입니다. 어려운 문제는 어려운 법이고 쉬운 문제는 쉬운 법이죠. 아인슈타인의 일반 상대성 이론을 5분 동안 수식 없이 설명하라는 요구가 있다면 당연히 그 요구는 잘못된 것입니다. 하물며 인간 삶의 다양한 문제를 치열하게 사유해간 수많은 학자의 수천 년에 걸친 논의를 무조건 짧고 쉽게 그리고 감동적으로 이야기할 수는 없습니다.

그러나 고대 철학의 매력적인 사유들을 더욱 쉽고 직관적으로 전달하고 싶은 생각이 절실할 때가 있습니다. 특히 중고등학생들을 대상으로 종종 철학 강의를 하게 되면서부터 더 그랬던 것 같습니다. 철학의 원전들이 대개 복잡하고 길고 어렵지만, 일단 철학의 마당에 그들을 데리고 오고 싶었습니다. 철학 강의를 듣고 평생 철학에 대해서 부정적 선입견을 품게 된다면 그것은 또 다른 의미에서 강의자가 크게 자책할 일이겠지요. 그래서 잘 알려진 여러 그림을 활용해서 철학의 이론들을 설명해보기 시작했습니다. 그중 하나가 바로 르네상스 화가 라파엘로의 〈아테네 학당〉이었습니다. 많은 고대의 철학자를 한 폭에 담고 있는 이 압도적인 그림은 고대 그리스 철학에 대한 안내자로서 매우 적격이었습니다.

이후 오랫동안 이 그림을 보면서 생각하고 뜯어보고 자료를 조사하고 강의하고 토론해왔습니다. 그중 일부를 정리해서 이렇게 세상에 내놓습니다. 오래전에 완성된 강의 원고이기에 책의 형태로 세상에 내는 일에 주저해왔는데, 작은 지식이라도 세상에 나의 몫을 보태는 것이 의미가 없지 않다는 생각으로 한동안의 망설임을 이겨냅니다.

이 책은 라파엘로의 〈아테네 학당〉에 등장하는 고대 그리스의 철학자들을 이 그림에 의지해서 설명하려는 시도입니다. 고대 철학을 라파엘로의 그림이라는 창을 통해서 바라보려 하는 것이죠. 이 창은 정말 훌륭한 풍경을 우리에게 선사합니다.

이 그림을 주제로 강의하던 중에 고대 그리스 철학을 강의하는데 왜 하필 이 그림을 가지고 설명하는지 질문을 받은 적이 있습니다. 저는 지금도 고대 그리스 철학자들을 이 〈아테네 학당〉만큼 한군데에 모두 모아놓고 묘사한 그림이 있는지 알지 못합니다. 단순히 모아놓은 것뿐만 아니라, 놀라울 만큼 많은 상징과 세심한 표현을 통해서 철학자들의 개성을 드러내려 했습니다.

물론 이 중의 대부분은 라파엘로 생존 당시 이탈리아 사회에 존재했던 고대 그리스 철학자들에 대한 일반적인 관념을 반영하고 있습니다. 라파엘로가 자신만의 고유한 이미지를 만들어낼 정도로 고대 그리스 철학에 정통했다고 보기는 어렵지요. 그래서 오히려 그 때문에 이 그림을 통해서 우리는 르네상스 시기를 살아간 사람들이 고대 그리스에 대해서 어떤 일반적인 생각을 가지고 있었는지 잘 알 수 있습니다. 어쩌면 이 〈아테네 학당〉은 디오게네스 라에르티오스나 플루타르코스 이후 고대 그리스의 철학과 문화에 대한 가장 믿을 만한 보고서 중의 하나가 아닐까 생각합니다.

입문 성격의 강의가 원고의 바탕이 되었기 때문에 가능하면 강의 때 사용하던 쉬운 설명형의 문체를 많이 고치지 않았습니다. 또 원전이나 2차 문헌의 직접적 인용도 되도록 포함시키지 않았습니다. 각 철학자마다 할애되어 있는 원고량이 많지 않기 때문에 가급적 핵심이 되는 주제 한두 가지를 고르고 이에 대한 설명에 집중하려 노력했습니다. 그러다 보니 한 철학자의 전체 사상의 체계에서 선택과 집중이 필요했습니다.

　사실 이런 입문적 성격의 책을 쓰면서 겪는 어려움은 무엇을 넣을까 보다는 무엇을 뺄까의 문제입니다. 이를테면 이 작은 책의 불과 몇 페이지로 플라톤의 철학을 설명해야 하는 일은 생각보다 괴로웠습니다. 그러나 제가 겪었던 이 어려움이 오히려 독자 여러분에게는 편안한 독서를 위한 장점으로 작용하길 바랍니다. 이 책은 비전공자들을 대상으로 강의한 내용을 기초로 삼고 있습니다. 그래서 철학에 대한 어떠한 앞선 이해도 요구하지 않습니다. 만일 이해하기 어려운 부분이 있다면 모두 제 탓입니다.

　이 책은 오랫동안의 강의가 없었으면 나오지 못했을 것입니다. 이제까지 다양한 청중들 앞에서 이 〈아테네 학당〉을 주제로 강의를 해왔습니다. 그중에서 특별히 열띤 반응을 보여주었던 고등학생들을 기억하고 싶습니다. 그들의 생생한 호기심 덕분에 고등학교에서 철학이 가능하다는 것, 그리고 고등학교에서 철학이 즐거울 수 있다는 것을 알게 되었습니다. 그 빛나는 눈들을 잘 기억하겠습니다. 이 모든 것은 주저하고 있던 저를 귀한 협업의 자리에 초대해준 서울 숭문고등학교의 김상훈 선생님 덕분입니다. 특별히 감사의 말씀을 드립니다.

　그리고 온라인 교육 사이트 SeriCeo는 이 〈아테네 학당〉을 주제로 한 제 강의가 오랫동안 이어질 수 있도록 좋은 기회를 허락해 주었습니다. 제 강의를 시청하고 박수를 보내주신 많은 분들 덕분입니다. 애써주신 배정훈 이사님 그리고 최숙현 PD님께 특별히 감사하다는 말씀 전합니다.

　마지막으로 설익은 원고를 "이토록 매력적인" 책으로 만들어주신 청어람미디어 정종호 대표님과 출판사 식구 여러분의 수고는 오래 기억하겠습니다. 모두 감사합니다.

2021년 6월

김수영

⚜ 일러두기

❶ 연도를 표기할 때 경우에 따라 기원전은 BC로 표기하였고, 기원후는 AD로 표기하였습니다.

❷ 고대 그리스어, 라틴어, 이탈리아어 단어들은 이탤릭체로 표기하였고, 영어를 비롯한 나머지 언어들은 보통의 서체로 두었습니다. 인명은 예외로 하였습니다.

❸ 가능한 한 시대순으로 학자들을 배열해서 서술하려 했습니다.

❹ 고대 철학자들의 생몰 연대에 대해서는 학자들 사이에 항상 논쟁과 이견이 존재하기 때문에, 특별한 이유가 없으면 되도록 다수의 의견에 따랐습니다.

❺ 이 책은 입문적 성격의 서술을 담고 있기에 따로 참고 문헌을 적지 않았습니다.

01

라파엘로와 그의 시대

파엘로Raffaello Sanzio는 우르비노에서 1483년 4월 6일에 태어났습니다. 그리고 37년 뒤 1520년 같은 날인 4월 6일에 세상을 떠났습니다.

라파엘로의 삶은 길지 않았을 뿐만 아니라 비교적 단순하기까지 했습니다. 다빈치처럼 다양한 시도를 통해 천재성을 아낌없이 표현한 작가도 아니었고 미켈란젤로처럼 예술의 지고한 가치를 위해서 모든 것을 불사르는 저돌적인 영혼도 아니었습니다. 그는 온화했고 부드러웠으며 여유로운 예술가였습니다. 또한 사람들과 어울리는 것을 좋아했죠. 르네상스를 빛낸 천재 예술가의 자리에 올려놓고 보기에 그는 어쩌면 다소 평범하고 조용한 사람이었습니다. 그래서 라파엘로의 삶의 과정을 따라가는 일은 그리 복잡하지 않습니다.

꾸꾸

라파엘로의 출생지는 이탈리아 북부의 우르비노입니다. 그의 아버지 조반니 산티Giovanni Santi는 당시 자기 자리를 확고하게 굳힌 궁정화가였습니다. 그의 어머니 마지아 디 바티스타 챠를라Magia di Battista Ciarla는 라파엘로가 여덟 살 때 세상을 떠났습니다. 그래서 자연스럽게 아버지가 그의 교육을 맡게 되었지요. 다행히 화가 아버지는 라파엘로의 남다른 회화적 재능을 일찍부터 알아차렸습니다. 그래서 라파엘로가 아주 어렸을 때부터 자신의 작업장에서 그림에 관련된 구체적인 작업을 배우고 익히게 했습니다.

라파엘로, 〈자화상〉, 1504년경. 단조로운 색감과 구도 속에서 선명하면서도 당당한 젊은 예술가의 고
요한 자아가 맑게 빛난다.

이후 라파엘로의 아버지는 어린 아들을 당대 가장 중요한 화가 중 한 사람이었던 피에트로 페루지노Pietro Perugino, 1446~1523의 문하생으로 보내게 됩니다. 그러나 라파엘로가 12세 때, 그러니까 작가로서의 본격적인 활동이 시작되기 전 아버지가 타계했습니다.

대략 1500년, 그러니까 라파엘로의 나이 17세 정도가 되었을 때 라파엘로는 작품의 제작을 의뢰받는 전문 화가로서의 입지를 확고히 한 것으로 보입니다. 그는 여기서 한 걸음 더 나아갔습니다. 1504년에 라파엘로는 피렌체로 이주하게 됩니다. 피렌체는 우르비노보다 큰 도시였습니다. 저 유명한 메디치 가문은 이제 막 몰락했지만, 이탈리아 르네상스의 출발이 되었던 장소이자 다빈치와 미켈란젤로가 활약하던 도시이니만큼 여전히 많은 천재적 예술가들이 활발하게 활동하고 있었죠. 라파엘로는 여기서 더 큰 기회를 기다리고 있었습니다.

◎◈◎

1508년, 라파엘로가 25세 되던 해 그는 드디어 로마로 오게 되었습니다. 그것은 당시 교황이었던 율리오 2세Julius Ⅱ의 부름 때문이었습니다. 동시대 작가 조르조 바사리Giorgio Vasari, 1511~1574는 이에 대해 다음과 같이 설명합니다.

"당시 율리오 2세를 위해 일하고 있었던 우르비노의 브라만테는 라파엘로와 먼 친척 관계였다. 그는 라파엘로에게 편지를 썼는데,

자신이 새로운 방들을 고쳐 짓도록 교황을 설득했으며 라파엘로가 이 기회를 통해 교황에게 자신의 솜씨를 보여줄 수 있을 것이라는 내용이었다. 그 소식을 듣고 라파엘로는 기뻐했으며, 피렌체에서 하던 일에서 손을 떼고 곧 로마로 떠났다.”

라파엘로가 25세라는 비교적 이른 나이에 이런 중대한 프로젝트를 도맡게 된 데에는 그러니까 도나토 브라만테Donato Bramante, 1444~1514의 역할이 컸습니다. 브라만테는 탁월한 건축가로서 당시 성 베드로 대성당 건축의 총책임자였는데 라파엘로와 같은 우르비노 출신입니다. 라파엘로보다 거의 40년 나이가 많은 아버지뻘의 브라만테는 라파엘로에게 매우 큰 예술적 영향을 끼친 예술가 중 한 사람입니다.

⟨꽃무늬 장식⟩

로마에서 이루어진 라파엘로의 작업을 이해하기 위해서는 그에게 일을 맡긴 교황 율리오 2세의 이야기를 하지 않을 수 없습니다. 그의 본명은 줄리아노 델라 로베레Giuliano della Rovere로, 저 유명한 델라 로베레 가문 출신입니다. 이 가문은 교황 식스토 4세Sixtus IV 때 처음으로 교황을 배출했으며, 이후 고전하다가 그의 조카인 율리오 2세가 1503년 교황의 자리에 오르게 되죠.

당시 이탈리아의 상황은 사실 아주 복잡했습니다. 이탈리아반도는 거의 스무 개에 이르는 수많은 나라들로 쪼개져 있었습니다. 그

중 비교적 큰 세력을 유지했던 국가로 나폴리 왕국, 베네치아 공화국, 피렌체 공화국, 밀라노 공국 등이 서로 경쟁했고 이에 더해 교황령이 있었죠. 교황령은 정치적으로도 큰 영향력을 행사하지 못했고 그렇다고 충분한 도덕적 권위를 누리고 있던 것도 아니었습니다. 교황령을 포함하여 이탈리아반도의 수많은 나라가 모두 뒤섞여 서로 혼란스러운 싸움을 벌여 나갔습니다. 게다가 여기에 프랑스, 신성로마 제국, 스페인, 잉글랜드 등이 이 어지러운 싸움에 개입했습니다. 1494년부터 1559년까지의 이 엄청난 일련의 전쟁을 흔히 '이탈리아 대전쟁Great Wars of Italy'이라고 부릅니다. 저 유명한 마키아벨리도 바로 이 혼란스러운 시기를 살다 갔습니다.

율리오 2세가 교황으로 즉위한 것이 1503년이니 이탈리아반도 내의 이런 복잡한 싸움이 이제 막 전개되기 시작할 때였죠. 그는 매우 야심 많고 도전적이며 고집스럽고 거친 성격의 교황이었습니다. 율리오 2세는 이 복잡한 정국에서 외국의 세력, 특히 강대했던 프랑스의 영향력을 이탈리아 영토에서 몰아내고 교황령을 확장해 이탈리아를 통일하고 싶은 열망으로 가득 차 있었습니다. 그리고 이를 실행에 옮겼죠. 그는 거침없이 전투를 수행하여 '전사 교황Warrior Pope'이라는 칭호까지 얻었습니다. 실제 상당한 전과를 올리기도 했습니다. 그가 본래 호전적인 성격이었을 수도 있지만, 어찌 보면 이탈리아의 그 시대가 바로 그런 교황을 선택했는지도 모릅니다. 율리오 2세의 재위 기간은 1503년부터 1513년까지로, 이 10년 정도의 기간 동안 그는 교황령의 영토를 확장하는 일을 가장 중요한 과제 중의

라파엘로, 〈교황 율리오 2세의 초상화〉, 1511~1512년경. 로베레(*Rovere*)는 이탈리아어로 참나무를
의미하며, 그래서 의자에 참나무 열매인 도토리 모양이 장식되어 있다.

하나로 여겨 이에 몰두했습니다.

이에 더해 그는 교황령의 정신적, 도덕적 권위를 안팎으로 드높이는 데에 헌신했습니다. 그 목적을 위해 자신의 주변에 있는 천재적인 예술가들이 큰 역할을 해줄 수 있을 것이라 기대했지요. 율리오 2세는 당대 최고의 예술가들을 로마로 불러 교황의 거처와 그 주변의 종교적 건축물들을 예술적으로 위대하게 재건하는 일을 맡기게 됩니다. 그는 즉위한 해인 1503년에 브라만테에게 새로운 성 베드로 대성당을 건축하게 했고, 1505년에 로마로 온 미켈란젤로에게 시스티나 성당의 천장화를 그리게 했으며, 라파엘로에게는 바티칸에 있는 자신의 집무실들에 새로운 프레스코를 부탁했던 것입니다. 라파엘로가 교황의 부름을 받고 로마로 온 것이 1508년이니까 교황이 즉위한 지 5년 만에 이루어진 일이었습니다.

율리오 2세가 대단한 예술적 식견을 가지고 있었던 것은 아니었지만, 결과적으로 당대 이탈리아의 최고 예술가들이 로마로 모여들어 이탈리아 르네상스의 최고 전성기를 꽃피우게 됩니다. 교회는 새로운 바티칸을 얻었고 예술은 새로운 시대를 얻었습니다.

❦

교황 율리오 2세는 집무실로 사용되던 네 개의 방을 라파엘로에게 맡겼습니다. 모든 벽면에 새로 프레스코화를 그리는 작업이었죠. 이 네 방의 이름은 '서명의 방Stanza della Segnatura, Room of the Signature', '엘리오도로의 방*Stanza di Eliodoro*, Room of Heliodorus', '보르고 화재의 방 *Stanza dell'Incendio di Borgo*, The Room of the Fire in the Borgo' 그리고 '콘스탄 티누스의 홀*Sala di Costantino*, Hall of Constantine'입니다. 라파엘로는 로 마에 머물면서 이 방들의 프레스코를 순차적으로 완성해나갔고 이 작업은 그가 로마에서 결국 타계할 때까지 이어졌습니다.

이 네 개의 방 중에서 가장 유명하면서도 또 가장 아름다운 '서명 의 방'에 우리의 주제화인 〈아테네 학당〉이 걸려 있습니다. 라파엘 로가 이 방의 프레스코 작업을 수행한 시기는 1509년부터 1511년까 지이니, 네 개의 방 중에서 가장 먼저 작업한 셈입니다. 여기는 말 그대로 교황이 교회의 가장 중요한 문서들에 대해서 서명하는 공간 이었습니다. 물론 한편으로 교황의 서재였고 거기서 때로는 손님들 을 맞이하기도 했죠. 그러나 이 공간의 정체성은 교회의 가장 중요 한 결정이 이루어지는 곳이라는 점에 있습니다. 그러니 라파엘로는 세상의 모든 지혜를 여기에 끌어오고 싶어 했을 겁니다. 그것은 신 화일 수도 있고 성서의 이야기일 수도 있고 또 철학의 이야기일 수 도 있습니다. 이 땅의 이야기일 수도 있고 저 너머에 있는 알 수 없 는 이야기일 수도 있지요.

그래서 이 '서명의 방'을 특징짓는 주제어는 '지혜'입니다. 라파엘 로는 인간의 지혜를 표현하는 네 가지의 분야를 골라서 그림을 그 렸습니다. 네 개의 벽면에 모두 그림이 그려져 있는데, 이는 각각 철학, 신학, 법학, 문학의 주제를 담고 있습니다. 〈아테네 학당*Scuola di Atene*, The School of Athens〉은 이 '서명의 방'의 동쪽 벽면에서 철학을 대표하고 있죠. 신학을 상징하는 그림은 〈성체 논의*Disputa del Sacramento*, Disputation of the Sacrament〉로서 서쪽 벽에 걸렸고, 〈기본적인 그리고 신학적인 덕목들*Virtù e la Legge*, Cardinal and Theological Virtues〉은 법학을 상징하면서 남쪽 벽에 걸렸으며, 〈파르나소스*Il Parnaso*, The Parnassus〉는 문학을 그리면서 북쪽 벽을 장식했습니다. 모든 그림을 살펴보고 싶지만 지금 여기서 그럴 수는 없습니다.

이제 천천히 〈아테네 학당〉으로 들어가 보겠습니다.

'서명의 방'의 북쪽과 동쪽 벽

'서명의 방'의 남쪽과 서쪽 벽

02

〈아테네 학당〉으로 들어가며

〈아테네학당〉

리의 그림을 찬찬히 살펴봅니다. 가로가 8.2미터 그리고 높이는 5.8미터에 달하는 비교적 큰 프레스코입니다. 여기에 많은 사람이 모여 있습니다. 아주 두꺼운 옷을 입은 것도 아니어서 6월의 어느 날 정도이지 않을까 생각합니다. 온화하고 맑은 날입니다. 정중앙의 먼 시야로 푸른 하늘과 뭉게구름이 보입니다. 철학자들이 모여 있는 이 공간은 완전한 실내도 아니고 그렇다고 완전한 실외도 아닙니다. 안락하고도 친숙한 건물 내부의 공간이면서 저 먼 하늘로까지 이어진 개방적인 공간이기도 합니다. 무대는 넓고 깊습니다.

그림 중앙에 네 개의 계단이 배열되어 있습니다. 계단 아래 그리고 그 위에 인물들이 자리 잡고 있습니다. 뒤편으로 흰색의 웅장한 대리석 구조물들이 소실점을 따라 반듯하게 이어져 있습니다. 계단과 인물들의 배치가 자아내는 수평의 방향선, 그리고 서 있는 이들과 뒤의 기둥들이 연출하는 수직적인 이미지가 교차하면서 안정적인 구도를 만들어내고 있습니다. 이 수평과 수직의 대립은 그렇게 뾰족하게 두드러지지도 않으면서 보는 사람에게 편안하게 안겨옵니다.

미술사학자 뵐플린Heinrich Wölfflin, 1864~1945은 르네상스 시기와 바로크 시기의 회화 특성을 각각 '평면'과 '깊이'로 규정한 바 있지만, 르네상스를 대표하는 이 〈아테네 학당〉의 풍경은 놀라운 깊이의 회

화적 풍경을 보여줍니다. 이 깊이는 수직과 수평을 아름답게 연결하고 있는 여러 겹의 아치에 의해서 더 빛나고 있습니다. 이 아치는 당시 성 베드로 대성당의 건축을 맡았던 브라만테의 설계를 라파엘로가 가져온 것입니다. 브라만테가 야심적으로 설계한 성당의 아치들이 공간의 중심을 장식하면서 종교의 숭고한 가치가 철학의 천재적인물들을 너그럽게 감싸고 있다는 인상을 받습니다.

그 앞쪽의 벽면에서는 흰색의 두 석상이 자리 잡고 있습니다. 그리스 신화에서 가장 중요한 두 신, 아폴론과 아테나입니다. 아폴론은 제우스와 레토 사이에서 난 아들이고, 아테나는 제우스와 메티스사이에서 난 딸이죠. 우리가 보기에 왼쪽이 아폴론 신입니다. 그는 음악의 신이기도 하여 한 손에 리라*lyra*를 들고 있습니다. 그리고 오른쪽은 아테나입니다. 폴리스 아테네를 수호하는 전쟁의 신이기도 한 아테나는 한 손에 방패를 들고 있습니다. 그 방패는 메두사의 얼굴을 새겨 넣은 제우스의 방패, 바로 아이기스aigis입니다. 아폴론과 아테나는 크고 대담한 윤곽으로 그림의 대칭성을 강화합니다. 그러면서 바티칸의 한복판에 있는 이 공간이 교회의 삼위일체가 아닌 고대 그리스의 이교도들의 신들을 섬기는 곳이고 그래서 철학자들이 자유롭게 거니는 공간이라는 점을 아름답게 확인해주고 있습니다.

◈

그림의 앞쪽으로 시선을 옮겨봅니다. 등장하는 인물들은 크게 세 무리로 구별됩니다. 우선 대리석으로 된 네 개의 계단 위에 철학자들이 줄지어 서 있습니다. 정중앙의 두 사람이 가장 중요한 위치를 차지하고 있고 이들을 호위하는 듯한 무리로 인해 두 사람의 특별한 지위는 더욱 두드러집니다. 중앙으로 수렴되는 아치들은 이 두 인물의 머리 위에 안착하면서 종교적인 후광까지 자아내는 듯합니다. 이 두 인물로부터 다양한 자세와 동작을 통해 양옆으로 여러 철학자가 우아하고 여유롭게 흩어지고 있습니다. 그리고 그림 하단의 왼쪽과 오른쪽에 여러 학자들이 모여서 우리 귀에는 들리지 않는 조용한 철학적 대화를 이어가고 있습니다.

그림 속 철학자들은 모두 개성적이고도 자유로운 자세를 취하고 있습니다. 서 있는 사람들도 있고, 앉아 있는 사람들도 있으며, 걷는 이들도 있습니다. 각양각색의 자세들입니다. 어떤 이는 무엇인가를 읽고 있고, 혼자 골똘히 생각에 잠겨 있는 사람들도 있으며, 또 한데 모여 이야기를 주고받는 사람들도 있습니다. 잠자코 남이 하는 이야기를 듣는 사람들도 있고, 무엇인가를 묵묵히 적어 내려가고 있는 이들도 있습니다. 심지어 어떤 이는 어디론가 급히 달려가고 있기도 합니다. 정면을 바라보는 사람도 있지만 얼굴의 측면만 묘사된 사람도 제법 있으며, 심지어 어떤 사람은 뒷모습만 그려져 있기도 합니다.

자세와 표정은 물론 손과 발의 모양까지 비슷하게 그려진 철학자는 아무도 없습니다. 완전히 서로 다르고 그래서 완전하게 개성적인 인물들이 화면을 가득 채우고 있습니다. 철학은 1인칭 단수의 학문입니다. 철학은 그 본래적인 정의상 나만의 철학이고 나만의 학문입니다. 게다가 〈아테네 학당〉의 화려하고 우아한 인물 배치 덕분에 철학은 본래 딱딱하고 건조하며 직선적이라는 일반적인 관념이 여기서 여지없이 부서집니다. 라파엘로가 그려내는 철학은 아름답고 여유로운 개성적인 세계관들 사이의 대화입니다.

이들은 고대 그리스의 철학자들입니다. 물론 이들이 이렇게 한자리에 모이는 일은 있지도 않았고, 있을 수도 없습니다. 왜냐하면 시대 배경이 전혀 다른 철학자들이 모여 있기 때문이죠. 여기에는 기원전 6세기의 인물 파르메니데스로부터 기원후 12세기에 활약했던 아베로에스에 이르기까지 다양한 시대를 살다 갔던 철학자들이 함께 등장하고 있습니다. 그러니 이 그림은 일종의 초현실주의적 상상화인 셈입니다. 이 그림이 연출하는 것은 가상적인 화면입니다. 라파엘로가 여기서 역사 속에 실재했던 어떤 사건 혹은 어떤 장면을 그리고 있는 것이 아니죠. 라파엘로는 상상의 힘으로 책 속에 이야기 속에 존재하는 옛 철학자들을 자유롭게 한자리에 불러모았습니다.

우리는 이 그림을 〈아테네 학당Scuola di Atene, The School of Athens〉이라고 부릅니다. 이 〈아테네 학당〉이라는 제목은 사실 이 그림의 원제목이 아니었습니다. 적어도 라파엘로는 이런 제목을 붙이지 않았죠. 이는 17세기 무렵부터 사용되기 시작한 일종의 별명입니다. 기억할 만한 스파르타나 코린토스의 철학자가 없으니 아테네가 고대 철학의 대표적 산실인 것은 맞지만, 이 그림에는 고대 그리스의 폴리스인 아테네와 직접 관련이 없는 많은 학자가 등장하고 있죠.

그래서 이보다 정확하게 그림의 성격을 반영하고 있는 제목을 찾으려면 머리를 들어 천장을 바라봐야 합니다. 이 서명의 방에는 동서남북의 벽면을 장식하는 네 개의 프레스코 위쪽으로 아주 화려한 천장화가 그려져 있지요. 여기에는 원형 형태에 들어가 있는 네 여인의 모습이 그려져 있습니다. 이런 그림을 톤도*tondo*라고 하는데 이탈리아어로 둥글다는 뜻으로 당시 매우 유행하던 방식이었죠. 네

서명의 방 천장화

여인은 각기 철학, 신학, 법학, 문학을 상징합니다. 〈아테네 학당〉
의 바로 위 천장의 톤도는 철학을 설명하고 있습니다. 여인을 중심
으로 좌우로 'Causarum' 그리고 'Cognitio'라는 글자가 보입니다. 합
쳐서 '원인들에 대한 지식'이라는 뜻으로 전통적으로 철학에 대한 가
장 일반적인 정의 중 하나입니다. 이 여인은 두 권의 책을 들고 있는
데 각각 'Naturalis' 그리고 'Moralis'라고 적혀 있습니다. 철학을 구성
하는 전통적인 두 분야인 자연과 도덕입니다. 이 여인의 옷은 네 가

지의 서로 다른 색, 그러니까 보라색, 주홍색, 녹색(청색) 그리고 갈색을 담고 있습니다. 이는 고대의 4원소인 공기, 불, 물, 흙을 의미하죠. 철학은 자연과 도덕의 원인들에 대한 지식을 의미합니다. 그러니까 우리를 둘러싼 세계와 우리의 인생이 왜 이렇게 되었는지, 왜 지금 이러한지, 그리고 앞으로 어떻게 되어나갈지 모색하는 탐구를 아우릅니다.

◦◦◦

이제 우리는 천천히 이 〈아테네 학당〉을 거닐고 있는 철학자들을 하나하나 살필 것입니다. 그런데 여기서 근본적인 어려움 하나를 말씀드려야 할 것 같습니다. 라파엘로가 여기에 많은 인물을 그려놓았지만, 그림에 등장하는 한 사람 한 사람이 누구인지 따로 표시해놓은 기록은 없습니다. 그래서 우리는 그림의 각 인물이 어떤 역사적 철학자를 그린 것인지 여러 단서를 통해 추측할 수밖에 없습니다.

그런데 다행스럽게도 이런 짐작이 어렵지 않은 경우들이 있습니다. 누구나 금방 알아볼 수 있는, 혹은 어느 누구도 부정할 수 없는 분명한 실마리가 표현된 경우입니다. 예를 들면 플라톤, 아리스토텔레스, 피타고라스 등이 그러합니다. 그러나 많은 경우 인물에 대한 추정은 근본적으로 주관적일 수밖에 없습니다. 그래서 이 책에서 인물에 대해 규정한 것과 의견을 달리하는 경우도 얼마든지 많이 있습니다. 학자들 사이에도 의견이 매우 다르니까요.

그런데 사실 이것은 우리의 어려움이라기보다는 라파엘로 자신이 겪었던 어려움이었을 것입니다. 예를 들어 『구약 성서』의 인물들을 그리는 경우라면 그들에게 얽힌 다양하고도 널리 알려진 스토리들이 존재하기 때문에 이를 표현하는 방법이 매우 분명하고 또 풍요로울 것입니다. 나체로 사과를 들고 있는 이브를 누가 몰라볼 수 있겠습니까.

그러나 철학자들의 경우 그렇지 않습니다. 그들은 심지어 생몰 연대도 분명치 않을 정도로 기록이 없는 경우가 많고 사람들이 쉽게 인지할 수 있는 개성 또한 분명치 않으니까요. 라파엘로는 아마도 인물들의 회화적 표현에 대해서 매번 깊게 고민했을 것이고 당대의 여러 학자에게 자문하기도 했을 것입니다. 당대에까지 전해진 많은 조각상과 그림을 참조하기도 했습니다. 여의치 않은 경우에는 르네상스 당대의 실존 인물들을 고대 그리스의 철학자들로 그려 넣기도 했죠. 결국 라파엘로는 어쩌면 불가능한 일에 도전했는지도 모릅니다. 그러니 우리는 라파엘로가 남겨놓은 아주 작은 단서들도 소중히 여기고 집중적으로 파고들어야 합니다. 그것이 〈아테네 학당〉을 라파엘로와 더불어 산책하는 즐거움이기도 합니다.

03

우리 모두는 철학자다

피타고라스

제 이 〈아테네 학당〉을 거닐고 있는 철학자들을 한 사람씩 살펴보겠습니다. 먼저 그림의 왼편 아래쪽에 자리 잡고 있는 이 학자를 보시죠. 그는 매우 심각한 표정으로 두꺼운 책에 무엇인가를 적어 내려가고 있습니다. 그의 자세와 표정에서 오래된 권위가 느껴집니다. 세상이 뭐라고 말하건 나는 나의 길을 가겠다는 의지가 보입니다. 주변의 인물들은 호기심 가득한 표정으로 이 수염이 덥수룩한 학자가 쓰고 있는 문장을 들여다봅니다. 주변에 보조적인 인물들을 제법 배치한 것으로 보아서, 라파엘로는 이 학자를 아주 중요한 인물로 생각했음을 알 수 있습니다. 이 사람은 바로 피타고라스Pythagoras입니다.

피타고라스라는 이름은 우리 모두가 잘 알고 있죠. '직각 삼각형에서 빗변의 제곱은 나머지 두 변의 제곱의 합과 같다'라는 피타고라스의 정리, 바로 그 주인공입니다.

◦◦◦◦◦◦

피타고라스가 태어난 것은 기원전 570년 무렵입니다. 그러니까 이를테면 소크라테스보다 대략 100년 정도 앞서 있는 인물입니다. 그가 태어난 곳은 사모스Samos로, 에게해 동쪽 오늘날 터키 앞의 섬입니다. 그는 바빌론과 이집트를 여행했고 후에 크로톤Croton으로 이주했으며, 말년에는 메타폰티온Metapontion에서 지내다 기원전 497년경 사망한 것으로 알려져 있습니다. 크로톤과 메타폰티온 모두 남부

이탈리아에 그리스인들이 건설한 식민지 지역인 일명 '마그나 그라이키아Magna Graecia'의 주요 도시들이었습니다. 동방과 유럽의 여러 지역을 여행한 피타고라스의 사상에는 요즘 우리가 흔히 동양적인 것과 서양적인 것이라고 부르는 여러 요소가 섞여 있습니다.

◈

우아한 풍모를 지닌 이 노학자가 다름 아닌 피타고라스라고 우리가 확신할 수 있는 건 그 앞에 놓인 작은 칠판 덕분입니다. 어린 소년이 들고 있는 작은 칠판에는 피타고라스학파를 상징하는 그림들이 그려져 있습니다. 이 칠판을 조금 확대해보면 다음과 같은 그림이 나타납니다. 중요한 그림이니 조금 자세히 보겠습니다.

우선 윗부분에 6, 8, 9 그리고 12라는 숫자가 로마자로 쓰여 있습니다. 그리고 바로 위에 고대 그리스어 대문자로 '에포그논epognoon'이라고 적혀 있지요. 이는 바로 아래 있는 숫자 8과 9를 연결하는, 그러니까 8:9의 비율을 지칭하는 단어입니다. 그 아래쪽으로는 이 숫자들을 잇는 여러 선이 있습니다. 6과 8, 그리고 9와 12를 잇는 선에는 디아테사론diatessaron이라는 이름이, 6과 9, 그리고 8과 12를 잇는 선에는 디아펜테diapente라는 이름이, 그리고 6과 12를 잇는 가장 긴 선에는 디아파손diapason이라는 이름이 적혀 있는 것을 볼 수 있습니다. 이는 각각 3:4와 2:3 그리고 1:2라는 정수비를 지칭하는 이름들입니다.

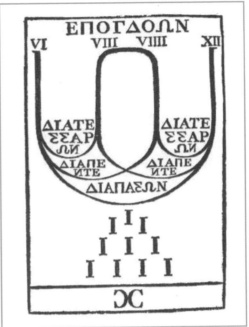

　혹시 기타를 쳐보신 분이라면 아실 수도 있는데요, 위의 수학적 비례는 현의 길이에 적용하면 우리에게 아주 익숙한 화음이 됩니다. 현의 길이의 비율이 3:4일 경우는 파와 도, 2:3일 경우는 솔과 도, 그리고 1:2의 경우는 한 옥타브 차이가 나는 높이의 음정을 냅니다. 그래서 디아테사론은 4도, 디아펜테는 5도, 디아파손은 옥타브 음정을 의미합니다. 피타고라스는 조화로운 음들이 현의 길이의 정수비로 표현된다는 점을 최초로 발견했고, 이 그림은 이 위대한 이론을 시각적으로 표현하고 있습니다. 그래서 정수비를 표현하는 이 그림이 고대 그리스의 현악기인 리라의 모양을 띠고 있는 것입니다.

피타고라스의 비율에서 특히 1과 2와 3과 4라는 숫자는 매우 중요합니다. 1은 점을, 2는 선을, 3은 면을 그리고 4는 입체를 만들 수 있으니까요. 정수의 역할 그리고 이 조화의 발견으로부터 피타고라스는 세계의 조화로운 모습과 운동이 모두 수학적 비례로 표현될 수 있다고 생각했습니다.

◦◦◦

아래쪽에는 막대 모양의 도형들이 이루는 삼각형 모양이 있고 아래에 10이라는 숫자가 로마 숫자로 적혀 있습니다. 도형이 1+2+3+4, 그래서 모두 10개이기 때문입니다. 이 삼각형은 소위 '테트락튀스 *tetraktys*'라고 불리는 피타고라스학파의 고유한 상징물입니다. 이 이름은 고대 그리스어에서 숫자 4를 뜻하는 '테트라*tetra*'에서 나왔습니다. 네 개의 사각형으로 빈칸을 채워가는 유명한 게임 테트리스*tetris*에도 이 '*tetra*'가 들어 있지요. '테트락튀스'라는 이름은 이 도형이 1과 2, 그리고 3과 4의 네 줄로 이루어져 있기 때문에 붙여졌습니다. 위에서 살펴본 대로 가장 중요한 네 개의 정수입니다. 이 네 숫자는 합쳐져서 완전수 10을 만들고 있습니다.

그리고 여기서 숫자 4는 피타고라스에게 또 다른 여러 의미에서 매우 중요한 숫자입니다. 점·선·면·입체라는 기하학적 원리에도, 흙·불·물·공기라는 세계를 이루는 기본 원소에도, 봄·여름·가을·겨울이라는 자연의 원리에도, 그리고 유년·청년·장년·노년이라는 인생의 원리에도 모두 숫자 4가 들어 있습니다. 숫자 4는 피타고라스학파 사람들에게 매우 의미심장한 숫자이며 그래서 이 테트락튀스는 마치 기독교의 십자가처럼 자신들의 사상 체계를 상징하는 그림으로 자리 잡았던 것입니다.

⁂

이 작은 칠판에 그려진 그림들에서도 알 수 있듯이 피타고라스는 '수'를 무엇보다 중요하게 생각한 사람입니다. 그는 수의 철학자입니다. 그에게 수는 단순한 측정 도구가 아니라, 세상의 비밀이 녹아 있는 신비한 원리였습니다. 피타고라스는 세상을 파악하기 위해서는 세상의 조화로운 움직임을 파악해야 하고, 그 조화로운 움직임을 파악하기 위해서는 그 배후에 있는 수적 원리를 파악해야 한다고 생각했습니다.

그리고 피타고라스 이후의 서양 문화사는 그가 마련한 패러다임을 따라 흘러갔습니다. 다들 이 세상을 움직이는 수적 원리를 규명하려 했으니까요. 수학은 공허한 논리 체계가 아니라 견고한 이론으로 구성된 진리입니다.

⁂

사실 숫자와 관련된 이런 이야기에 더해, 피타고라스의 조금 다른 면모에 대해서 여기에서 이야기하고자 합니다. 다름 아니라 '철학'이라는 말에 대해서입니다. 이 말, 그러니까 철학을 뜻하는 영단어 '필로소피philosophy'가 어디서 생겨났는지 혹시 알고 계시는지요? 이는 바로 오늘의 주인공 피타고라스가 만들어낸 말입니다. 이 'philosophy'라는 말은 고대 그리스어인 'philosophia'에서 유래했습니다. 여기서 'philos'는 '사랑'을 뜻하고, 'sophia'는 '지혜'를 의미합니다. 그래서 철학은 흔히들 '지혜에 대한 사랑'이라고 풀이하죠. 이 역사적인 단어를 만든 사람이 바로 피타고라스입니다.

"당신은 도대체 누구인가?"라는 질문을 받은 피타고라스는 "나는 지혜를 사랑하는 사람이오"라고 답했습니다. 그러니까 "나는 철학자요"라고 대답했다는 것입니다. 상대방은 이 말이 처음 들어보는 말이라서 그 뜻을 물었고, 피타고라스는 다음과 같이 대답했습니다.

"지혜로운 것은 오직 신뿐이고 따라서 어떤 인간도 지혜롭다고 말할 수 없소."

고대 그리스에서 철학자들을 비롯한 많은 학자가 '지혜로운 사람들sophoi'이라고 불렸는데 피타고라스에 따르면 유한한 인간은 진리를 소유할 수 없고 오로지 진리를 사랑할 수 있을 뿐이라는 것입니다. 피타고라스가 이렇게 대답한 순간이 바로 철학이 탄생한 순간입니다.

'지혜에 대한 사랑', 어쩐지 다소 지루하고 다소 뻔하게 들리는 말이지만 사실 여기에는 깊이 생각해볼 만한 의미가 담겨 있습니다. 우리가 무엇을 사랑할 때는 어떤 때인가요? 우리는 어떨 때 사랑에 빠지는지요? 사랑의 본성에 대해서 생각하기 시작하면 마음은 참으로 복잡해지지만, 곰곰이 생각해보면 사랑에 빠지기 위한 최소한의 논리적 조건 하나 정도는 추려낼 수 있습니다. 그것은 우리가 그 대상을 온전히 소유하고 있지 않다는 것입니다. 우리가 어떤 대상을 욕구하고 그것을 사랑하는 것은 그것이 완전히, 그러니까 절대적인 의미에서 아직 나의 것이 아니기 때문입니다. 어떤 대상이 완전한 의미에서 나의 것이면, 그래서 나와 구분될 수조차 없다면 그에 대한 욕망과 그에 대한 사랑은 성립하지 않습니다.

피타고라스가 철학이라는 말, 그러니까 지혜에 대한 사랑이라는 말을 처음 만들어냈을 때 그가 생각한 것은 바로 이런 점입니다. 우리가 철학을 하는 이유는 우리가 지혜를 소유하고 있지 않기 때문입니다. "나는 철학자다"라는 말은 "나는 지혜를 가지고 있지 않다"라는 말과 같은 말입니다. 여기서 지혜에 대한 사랑이 생겨납니다. 철학은 지혜를 긍정하는 것이 아니라 오히려 부정하는 학문입니다.

우리가 완전하게 소유하고 있지 않은 것은 너무도 많습니다. 돈도 그렇고 건강도 그렇고 권력도 그렇고 사회적 명성도 그러합니다. 우리가 가지고 있지 않은 것, 우리에게 결핍된 것은 너무도 많습니다.

그런데 여러분에게는 어떤 결핍이 가장 중요하십니까? 여러분에게는 어떤 결핍이 가장 견디기 힘든 것인가요? 피타고라스가 "당신은 누구인가?"라는 질문에 대해서 "나는 철학자다"라고 대답한 것은 바로, 그가 여러 결핍 중에서 지혜의 결핍을 가장 고통스럽게 여기고, 그 지혜의 결핍이 해소되는 것을 삶의 가장 중요한 가치로 여긴다는 뜻입니다. 철학은 단순히 하나의 학문에 대한 이름이 아닙니다. 그것은 결핍에 대한 이름이고 삶의 가치관에 대한 이름이며 그래서 삶의 태도에 대한 이름입니다.

04

같은 강물에
두 번 들어갈 수 없다

헤라클레이토스

테네 학당〉을 포함해서 라파엘로의 이곳 바티칸 그림들은 소위 프레스코라고 부르는 기법으로 그려졌습니다. 벽에 석회 반죽을 펴 바른 후 이것이 마르기 전에 수용성 물감으로 그려 넣는 방식이죠. 이탈리아 르네상스 시기에 크게 유행하던 기법입니다.

프레스코*fresco*라는 단어는 영어의 'fresh'에 해당하는 이탈리아어입니다. 석회가 마르기 전의 상태에 있을 때 그림을 그리는 방식이기 때문에 그런 이름이 붙여졌습니다. 프레스코 기법의 장점은 분명합니다. 석회가 마르면 화가의 그림은 벽에 완전히 안정적으로 고정됩니다. 그림이 벗겨지거나 손상될 위험성은 그만큼 적어지죠. 박물관이나 미술관에 곱게 모셔둘 그림이 아니라 일상적인 생활이 이루어지는 공간에 걸리는 벽화의 경우 이 장점은 매우 중요했을 겁니다.

그러나 단점 또한 존재합니다. 무엇보다 석회가 마르기 전에 그려야 하기 때문에 빠른 시간 내에 그림을 완성시켜야 합니다. 또한 유화처럼 덧칠을 여러 번 할 수 없고 수정 또한 거의 불가능합니다. 그래서 프레스코를 그리는 화가들은 석회벽에 채색하기 전에 미리 매우 정교하게 자신의 그림들을 스케치하며 구도와 인물을 확정했습니다. 그리고 이 종이에 구멍을 내고 그림이 그려질 벽에 붙인 후 프레스코의 실제 채색 작업을 위한 윤곽을 만들었죠. 이 밑그림은 이탈리아어로 카르토네*cartone*라고 합니다. 두꺼운 종이를 뜻하는 단어죠. 오늘날 만화를 뜻하는 영어 단어 'cartoon'과 상자를 뜻하는 'carton'이 모두 여기에서 나왔습니다.

이 카르토네는 작가가 자신의 생각을 미리 정리하는 데에도 긴요했지만, 프레스코를 완성하기 위해서는 여러 사람의 보조적인 작업이 중요했기 때문에 그 프로젝트에 관여되어 있는 사람들이 공동으로 사용하는 작업 지시서와도 같은 역할을 했습니다. 잘 알려진 대로 라파엘로는 바티칸의 이 프레스코들을 여러 조수와 함께 작업했지요. 그리고 아마도 라파엘로는 이 카르토네를 그려서 자신에게 작업을 발주한 교황을 비롯한 여러 관계자에게 자신의 세부 계획을 설명해야 했을 겁니다. 그들의 동의가 필요했겠지요. 이를 위해서도 프레스코의 카르토네는 필수적이었습니다. 다행스럽게도 라파엘로가 〈아테네 학당〉의 작업을 위해서 그린 카르토네가 남아 있습니다.

◦◦◯◦◦

이 스케치는 최종 완성된 〈아테네 학당〉과 거의 모든 점에서 완전히 동일한 인물들과 구도를 보여주고 있습니다. 그런데 중앙의 한 인물이 본래 카르토네에는 없었는데 지금 완성된 그림에는 등장합니다. 바로 그림의 맨 앞에서 턱을 괴고 무언가를 쓰면서 깊은 생각에 잠겨 있는 사나이입니다.

이 사람은 누구일까요? 자세히 살펴보면 이 인물의 복장이 예사롭지 않음을 알아차릴 수 있습니다. 그의 몸을 우아하게 감싸고 있는 자주색의 옷은 커다란 옷깃으로 장식되어 있고 과장된 형태의 주홍색 부츠는 통가죽으로 되어 있는데, 이 모두는 사실 고대 그리스

이탈리아 밀라노의 암브로시아나 도서관에 있는 〈아테네 학당〉의 카르토네

의 스타일이 아닙니다. 그림에 등장하는 다른 인물들은 대개 주름이 많이 있고 여유 있는 고대 그리스 시대의 옷을 입고 있고, 거의 맨 발이거나 아니면 가죽끈으로 되어 있는 고대 그리스 스타일의 샌들을 신고 있지요. 오직 중앙의 이 인물만이 홀로 고대 그리스가 아닌 이탈리아 르네상스 시대의 복장을 하고 있습니다. 더구나 자기만의 사색을 즐기는 그의 자세를 보면 뭔가 독특하고 이질적인 인물이라는 점을 알 수 있습니다.

그렇다면 사정은 이러합니다. 요컨대 라파엘로는 원래 계획에 없던

인물 한 사람을 나중에 그려 넣게 되었는데, 그는 고대 그리스의 인물
이 아닌 동시대의 인물로서 학당의 철학자들과는 구별되는 정체성을
지닌 사람일 것입니다. 라파엘로는 누구를 그려 넣은 것일까요?

이 사람은 미켈란젤로 Michelangelo Buonarroti 입니다. 미켈란젤로는
1475년생이니 1483년에 태어난 라파엘로보다 여덟 살 위였죠. 미켈

란젤로 또한 당시 교황 율리오 2세의 요청으로 로마로 와서 시스티나 성당의 천장화를 그리고 있었습니다. 시스티나 성당은 라파엘로가 작업하던 교황의 집무실 바로 옆 건물입니다. 오늘날 가톨릭 교단에서 추기경들이 모여 교황을 선출하는 콘클라베*Conclave*가 열리는 장소로도 잘 알려져 있죠. 이 성당의 천장화는 미켈란젤로의 걸작 중의 걸작으로 꼽히는데, 그가 이 작업을 시작한 것은 1508년으로, 라파엘로가 〈아테네 학당〉 작업을 시작하기 약 1년 전의 일입니다.

☙❦❧

자, 상상해보십시오. 당대의 두 천재적 예술가가 바로 이웃한 두 건물에서 각기 필생의 역작에 공을 들이고 있었습니다. 하루 이틀, 한달 두 달도 아니고 몇 년을 이곳에 머물며 작업을 하게 되었죠.

아마도 둘 사이에는 불편한 감정이 싹텄을 것입니다. 경쟁심도 자라났을 수 있고, 자신의 작업이 상대적으로 소홀하게 대접받으면 어쩌나 하는 떨리는 불안감도 마음속에 자리 잡았을 수 있습니다. 라파엘로는 자신의 작업을 도와주는 조수들과 같이 일했지만 타고난 완벽주의자였던 미켈란젤로는 그 누구도 들어오지 못하게 하고 홀로 이 천장화 작업에 매달린 것으로 알려져 있습니다.

그런데 어느 날, 라파엘로의 친구 브라만테가 미켈란젤로가 자리를 비웠을 때 라파엘로를 불러 미켈란젤로가 작업하고 있던 시스티나 성당의 천장화를 보여주게 되었다는군요. 라파엘로는 자신이 막연하게 생각했던 것 이상으로 엄청난 걸작이 완성되어 가는 장면을 두 눈으로 직접 목격하게 되었고, 이에 위대한 예술가 미켈란젤로에 대해 대단한 존경의 마음을 품게 되었습니다. 그래서 라파엘로는 이제 막 완성 단계에 접어든 그림 〈아테네 학당〉 앞으로 가서, 거기에

미켈란젤로가 완성한 시스티나 성당의 천장화, 1508~1512.

예정에 없었던 미켈란젤로를 그려 넣는 것으로 그에 대한 자신의 존경심을 표현했습니다. 그러니까 이 인물은 우리의 〈아테네 학당〉에 등장하는 여러 사람 가운데 라파엘로가 아마도 맨 마지막에 그려 넣은 인물일 수 있습니다.

◖◗

라파엘로가 미켈란젤로를 모델로 묘사한 고대 그리스의 철학자는

헤라클레이토스Herakleitos로 알려져 있습니다. 그는 기원전 530년경 오늘날 터키 지역의 서부 해안 도시인 에페소스 출신의 철학자입니다. 그는 은둔과 냉소로 일관한 괴팍한 성격의 철학자였는데, 특히 르네상스 시기에는 비관적 성격을 지닌 '우는 철학자'로 많이 알려졌습니다. 〈아테네 학당〉의 미켈란젤로도 어둡고 고집스러운 표정을 짓고 있습니다.

헤라클레이토스는 플라톤과 아리스토텔레스뿐만 아니라 헤겔, 니체 등 이후 서양 철학의 전개에서 매우 중요한 역할을 하게 된 철학자입니다. 고대 그리스어로 "판타 레이*panta rhei*"라는 문장이 그의 철학을 상징적으로 대표합니다. 이는 "만물은 흐른다"라는 뜻입니다.

우리가 보고, 듣고, 느끼는 감각에만 의존하면 세상은 평온하고 큰 변화가 없는 것처럼 보일 수 있습니다. 산은 산이고, 물은 물이고, 바윗돌은 바윗돌일 뿐이죠. 하지만 헤라클레이토스는 정지와 자기동일성은 기만적인 것이라고 역설합니다. 우리 눈에 보이지 않더라도 세상은 계속 변하고 있습니다. 산이 영원히 산일 수 없고 물은 영원히 물일 수 없으며 바윗돌이 영원히 바윗돌일 수 없죠. 모든 것은 흐르고 변하고 무너지고 다시 만들어집니다.

헤라클레이토스는 "태양은 날마다 새롭다", "우리는 같은 강물에 두 번 들어갈 수 없다"와 같은 말로 세계의 변화무쌍함을 강조했습니다. 우리가 강물에 들어갔다가 나와 다시 들어가게 되면 처음에 몸을 담갔던 강물은 이미 흘러갔고 새 강물이 내 몸을 적십니다. 우리는 사물들을 항상 동일하고 고정된 것으로 생각하지만 헤라클레이토스는 그런 감각적 가상에 속지 말라고 말합니다.

시시각각 변하는 세상의 모습을 헤라클레이토스는 불에 비유하기도 했습니다. 그래서 "만물의 근원은 불이다"라는 그의 문장이 잘 알려져 있죠. 변화를 표현하는 데 있어서, 시시각각으로 형상을 달리하며 무서운 기세로 타오르는 불보다 더 탁월한 이미지가 또 어디 있을까요?

그런데 헤라클레이토스는 변화 그 자체를 강조하는 데에서 멈추지 않습니다. 변화를 인정하는 데 그치는 것이 아니라, 그 변화를 꿰

뚫는 법칙에 관해 이야기하고 있죠. 헤라클레이토스는 세상이 무질서하게 흘러가는 것 같지만 변화는 로고스*logos*라고 부르는 법칙에 따라 이뤄진다고 말합니다.

이 은둔의 철학자는 이 로고스에 대해서 자세히 설명하지 않습니다. 그런데 그가 든 예가 하나 있습니다. 그는 로고스를 "활과 하프의 경우처럼 반대로 당기는 조화다"라고 이야기합니다. 활과 하프에는 서로 반대되는 힘들이 균형을 이루고 있습니다. 줄이 너무 강하면 전체가 부러질 것이고 반대로 지지하는 나무가 너무 강하면 원하는 모양이 나오지 않을 것입니다. 세상의 조화는 이처럼 서로 반대되는 것들 사이의 균형 상태이며, 변화는 매 순간 이 균형 상태가 무너지면서 생기는 결과입니다. 그러니 세계의 변화는 이 모순되는 것들이 서로를 무너뜨리며 자신을 관철시키다가 일정한 평형상태에 도달하고, 또다시 긴장과 파괴의 단계로 이전하며, 또 균형으로 이어지는 무한한 반복적 과정에 놓여 있는 것입니다.

헤라클레이토스에 따르면, 세상의 변화를 이해하기 위해서는 그 변화 뒤에 있는 반대되는 힘들 사이의 균형과 불균형을 올바로 인식해야 합니다. 변화에 관련된 여러 힘이 서로 어떻게 작용하며 균형과 조화를 유지하고 있는지 자세히 살피는 일이 철학의 본성이고 의무입니다.

헤라클레이토스는 단지 수수께끼 같고 모호한 표현들을 내뱉으며 시니컬하게 세상을 바라본 철학자가 아니라, 빠르게 변화하는 이 시대에 우리가 그 변화를 어떻게 받아들여야 하는지 또렷하게 제시해주는 철학자입니다. 헤라클레이토스는 변화의 흐름을 간파하고 싶다면 그 이면에 작동하는 갈등과 대립 그리고 해결의 과정을 올바로 이해하라고 말합니다. 긴장과 갈등은 제거되어야 할 악이 아니라 세계의 진면목입니다. 세상은 계속 변화하기 때문입니다.

05

모순도 스승이다

파르메니데스

화의 철학자, 헤라클레이토스의 왼쪽으로 우리의 시선을 옮겨보겠습니다. 책을 펼쳐 보이면서 무엇인가를 설명하려는 철학자, 그의 이름은 파르메니데스 Parmenides입니다. 그가 헤라클레이토스 옆에 있는 건 단순한 우연이 아닙니다. 그는 변화의 철학자인 헤라클레이토스와 달리, 변화나 생성이라는 건 모두 가짜이고 오직 영원히 움직이지 않는 존재, 그것만이 가능하다고 주장했습니다. 둘은 거의 같은 시대를 살았는데 완전히 상반되는 방향의 철학적 이론을 주창했습니다.

헤라클레이토스가 생성Becoming의 철학자라면 파르메니데스는 존재Being의 철학자입니다. 서양의 철학사는 서로 다른 이 두 가지 경향이 충돌하면서, 때로는 격하게 싸우고 때로는 정교하게 타협하면서 흘러왔습니다. 이 〈아테네 학당〉에서 거대한 두 철학적 파도가 서로 충돌하는 장면을 목격하고 있습니다.

＠△◎

파르메니데스는 오늘날 이탈리아 서쪽의 해안 도시 엘레아Elea에서 태어났습니다. 기원전 515년경으로 추정되고 있으니 헤라클레이토스와 거의 동시대입니다.

기원전 8세기경 고대 그리스인들은 지중해의 여러 곳에 진출해서 수많은 식민지를 건설했습니다. 그리스를 중심으로 동쪽으로는 흑해의 여러 해안 도시, 그리고 오늘날 터키에 해당하는 지역의 서쪽

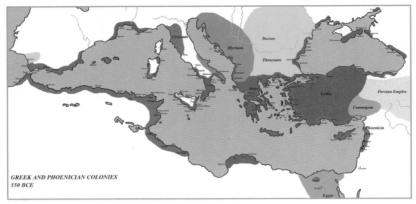

기원전 550년경 그리스의 식민지. 파란색이 그리스인들의 본래 영토 그리고 그들이 건설한 식민지다.

해안 도시들과 섬들에 진출했고, 서쪽으로는 오늘날 이탈리아반도의 남부 지역 그리고 시칠리아섬에까지 그리스의 식민지를 건설했습니다. 그래서 파르메니데스가 태어난 도시 엘레아는 당시 그리스의 문화가 지배하는 곳이었습니다. 현재 이탈리아에서 벨리아Velia라 불리는 이 작은 도시에는 지금도 고대 그리스의 유적들이 많이 남아 있습니다. 이 도시에서 파르메니데스는 자신의 가장 충실한 제자 제논Zenon, BC 495~430을 만났습니다. 그래서 이들의 철학을 이 도시의 이름을 따서 흔히 '엘레아학파'라고 부릅니다.

❧

파르메니데스 철학의 이론적 기초는 사실 놀랍게도 간단합니다. "있는 것은 있고 없는 것은 없다", 바로 이것입니다. 어쩌면 너무 당연하고도 싱거운 이야기일 수 있지요. 그러나 조금만 더 생각해보면 사실 문제는 그리 간단치 않습니다. "있는 것은 있다"라는 앞부분은 별문제가 없는 듯 보입니다. 그런데 "없는 것은 없다"라는 문장은 무슨 뜻일까요? '없는 것' 그것은 있는 것인가요, 아니면 없는 것인가요? 파르메니데스에 의하면, 비존재, 그러니까 우리가 '무無'라 부르는 것은 그 자체로 논리적으로 불가능한 개념입니다. 왜냐하면 무라는 것은 그야말로 아무것도 없는 것이니 그에 대해 이름 짓고 생각하고 언어로 표현하는 것은 완전히 불가능하기 때문입니다. 파르메니데스에 의하면 무는 완전히 무의미한 개념입니다. 이것이 '없는 것은 없다'는 말의 뜻입니다.

그런데 변화나 운동이란 무, 없는 것, 그러니까 존재 아닌 어떤 것을 전제해야 가능한 개념입니다. 무엇인가 바뀌고 또 움직인다면 본래의 정체성 그리고 그 정체성의 부정까지 모두 가능해야 하니까요. 파르메니데스는 '무'를 부정하기 때문에 운동이나 생성이나 변화 또한 부정합니다. 존재는 오로지 존재일 뿐이고 존재가 비존재로 되거나 비존재가 존재로 되는 것은 논리적으로 불가능합니다. 또한 다수성이라는 것도 논리적으로 성립할 수 없죠. 이 또한 존재의 균열, 그러니까 존재 아닌 것을 전제해야 하니까요.

사실 파르메니데스의 논리 전개는 얼핏 받아들이기 어렵습니다. 사물이 생겨나고 없어지는 것이 우리의 상식인데 아니 그런 것이 모두 가짜일 뿐이라뇨. 그러나 파르메니데스는 우리의 그런 소박한 생각을 비웃으며 비존재, 무는 불가능한 개념이라는 전제로부터 자신의 논리를 힘차게 이어나갔습니다.

파르메니데스가 남긴 글은 그 시대의 다른 철학자들에 비해서 제법 온전한 형태로 그 일부가 남아 있습니다. 그는 엄격한 운문의 형태를 지닌 서사시의 형식에 자신의 철학을 담아냈습니다.

여기서 그는 진리의 길과 허위의 길 그리고 존재의 길과 비존재의 길을 구분합니다. 그리고 우리의 사유가 진리와 존재의 길을 따라 걸어야 함을 역설하죠. 생각한다는 것은 길을 걷는다는 것입니다. 파르메니데스와 함께 걷는 일은 목적지가 어디인지 불안해하는 여행자의 걸음걸이가 아니며 길 주변에 펼쳐진 초원으로 잠시 탈선하는 무책임한 유흥의 발걸음도 아닙니다. 그는 논리적 진리가 인도하는 대로 담대하게 나아가자고 우리를 격려합니다.

〰️

운동과 변화를 부정하는 파르메니데스의 이런 용감한 논리는 그의 탁월한 철학적 후계자인 제논의 주장에서도 분명하게 나타납니다. 제논은 운동과 변화 그리고 다수성이 논리적으로 성립할 수 없음을 여러 가지 역설을 통해서 증명함으로써 스승 파르메니데스를 맹렬히 옹호한 철학자입니다.

그의 여러 역설, 패러독스 중에서 특히 '거북이와 아킬레우스의 달리기 역설'이 널리 알려져 있습니다. 거북이가 아킬레우스 앞에서 출발해서 달리기 경주를 하면, 아킬레우스는 절대로 거북이를 따라

잡을 수 없다는 겁니다. 아킬레우스가 누구인가요? 호메로스의 서사시 「일리아스」에서 그리스의 가장 뛰어난 장수로 꼽히는 인물입니다. 그런 그가 거북이를 따라잡지 못하다뇨?

제논의 설명은 다음과 같습니다. 거북이가 앞에서 출발한다면 아킬레우스는 거북이가 있는 곳까지 가려면 짧게라도 시간이 필요할 겁니다. 그러면 그동안 아주 미세하게나마 거북이도 약간 앞으로 움직였을 겁니다. 다시 아킬레우스가 거북이를 따라잡으려고 앞으로 움직이면 그동안 거북이는 또 조금 앞으로 움직이겠죠. 이 과정은 계속 반복될 것입니다. 그래서 제논은 아킬레우스가 결국은 거북이를 따라잡지 못한다고 주장했던 것입니다.

이것은 그 자체로는 진지하게 주장될 수 없는 역설逆說입니다. 역설, 그러니까 패러독스paradox라는 단어는 역, 반대 혹은 부정을 뜻하는 전치사 'para'와 그럴듯해 보이는 생각을 뜻하는 'doxa'가 결합된 말입니다. 그러니까 당연한 이론, 타당한 이론, 모두가 맞다고 생각하는 이론을 뒤집고 있다는 뜻이죠. 그가 이런 역설을 펼치는 것은 변화가 실재하는 것, 참된 것이라고 생각하는 순간, 우리가 이런 역설에 빠질 수밖에 없음을 보여주려 한 것입니다. 어떠한 주장이 뭔가 문제가 있다고 말하는 것은 쉬운 일이지만, 그것이 왜, 도대체 어떤 점에서 불합리한 추론인가를 증명하는 일은 생각보다 간단치 않습니다.

파르메니데스와 제논은 자신들의 논리적 일관성을 끝까지 밀고 나 갔습니다. 때로 우리의 상식과 충돌하고 때로 불합리한 결론에 이르러도 논리적 문제점이 드러나지 않는 이상 단호하게 자신의 논리를 고수했습니다. 파르메니데스 이후 많은 사람이 그의 주장을 논리적으로 논박하기 위해서, 그의 주장을 잘못된 것으로 증명하기 위해서 고민하고 또 고민하면서 다양한 이론들을 만들어냈습니다. 데모크리토스의 원자론, 그리고 플라톤의 이데아론이 이런 이론적 고투 속에서 태어난 산물이라고 볼 수 있습니다. 특히 플라톤은 「파르메니데스」라는 대화편을 따로 저술하고 여기서 치밀한 논리적인 논증 과정을 통해 파르메니데스의 견고한 이론 체계에 도전한 바 있습니다. 이런 의미에서 파르메니데스와 제논의 역설적 주장은 서양의 철학사를 매우 풍요롭게 만든 중요한 계기가 된 셈입니다.

다시 한번 파르메니데스를 살펴보시죠. 그는 자신이 쓴 것 같은 책을 펴놓고 피타고라스에게 무엇인가를 설명하고 있습니다. 그러나 정작 피타고라스는 그의 이야기를 듣지 않는 것 같습니다. 파르메니데스의 검은 얼굴, 그리고 조금 초췌해 보이는 그의 수염 때문에 그는 더 외롭게 보이는 것 같습니다. 그러나 자신의 논리를 따라 용맹

스럽게 걸어갔던 파르메니데스였기에 우리는 이 외로움을 이해할
수 있습니다. 용기는 때로 사람을 외롭게 만드니까요.

෧෨෮

철학은 주장도 아니고 거절도 아닙니다. 철학은 주장의 근거를 묻는
일이고 또한 거절의 근거를 묻는 일입니다. 근거와 이유는 철학의
영토로 들어오는 입장권과도 같은 것입니다. 그러니 역설이든 궤변
이든 모순이든 불합리성이든 처음부터 배척되어야 하는 것은 세상
에 아무것도 없습니다. 그것이 거절하기 어려운 근거를 가지고 있다
면 흔쾌히 받아들이고 그것과 논리적 싸움을 이어가야 합니다.

   사리에 맞지 않는 것처럼 보이는 주장이라고 해서 무가치한 것은
아닙니다. 그런 주장들은 대개 우리 생각이 가지는 허점을 파고드는
법이죠. 그래서 불합리하게 느껴지는 주장들을 잘 살피고 그와 진지
하게 논쟁하다 보면, 이를 통해 나의 본래 생각이 더욱 풍요롭게 자
라날 수 있게 될 것입니다. 합리성뿐 아니라 불합리성과 모순 또한
때로는 내 스승입니다.

06

철학을 다시 시작하다

소크라테스

리는 여전히 그림의 왼편에 머무르고 있습니다. 이제 시선을 위쪽으로 옮겨보시죠. 진초록의 옷을 몸에 두르고 우락부락한 인상으로 여러 사람을 모아놓고 무엇인가를 이야기하고 있는 사람이 눈에 띕니다. 이 사람은 그 유명한 소크라테스입니다. 학자들 사이에 이견이 없는 것은 아니지만, 저로서는 이 사람을 소크라테스로 지목하는 데에 큰 무리가 없다고 생각합니다.

우선 그의 얼굴이 열쇠입니다. 소크라테스는 별로 우아하지 않은 외모를 가진 것으로 당대에 이미 유명했습니다. 철학자와 철학의 이론들이 치열하게 경합하는 철학의 역사에서 특정 철학자의 외모에 대한 언급은 매우 드문데요. 적어도 소크라테스만은 여기에서 예외였습니다. 그가 놀랄 만한 추남이라는 것은 당시에도 그리고 그 이후에도 아주 잘 알려져 있었죠. 심지어 그의 충실한 제자 플라톤도 이 점을 기록으로 남겨두고 있습니다. 물론 소크라테스의 놀라운 지성과 연결되면서 제법 과장된 측면도 있을 것입니다. 어쨌든 여기서 라파엘로가 그려낸 그의 매부리코와 튀어나온 눈 그리고 벗어진 머리는, 지혜롭고 강하지만 유감스럽게도 그리 잘생기지는 않은 외모를 지닌 남성이라는 소크라테스에 대한 전통적인 이미지를 매우 충실하게 재현하고 있다고 여겨집니다.

우리가 이 사람이 소크라테스라 짐작하는 두 번째 이유는 그가 지금 무엇인가를 열심히 이야기하고 있기 때문입니다. 진지한 표정으로 이야기하는 소크라테스 앞에서 네 명의 사람들은 그의 말에 귀 기울이고 있습니다. 심지어 한 사람은 이 역사적 대화의 현장에 주변 사람들을 불러 모으기까지 하네요. 이 무리 중에서 머리에 투구를 쓰고 군장을 한 인물은 알키비아데스Alkibiades, BC 450~404입니다. 소크라테스보다 20년 정도 어린 아테네의 정치가이자 장군으로서, 소크라테스의 열렬한 추종자 중 한 사람이었죠.

이 〈아테네 학당〉 전체에서 소크라테스는 다른 이들에게 무엇인가를 직접적으로 이야기하고 있는 유일한 인물입니다. 소크라테스에게 철학은 글이 아니라 말이었습니다. 그는 책과 문장을 통해서가 아니라 아테네의 시끄러운 광장 아고라에서 사람들과 주고받는 생생한 말을 통해서 자신의 철학을 펼쳐나갔습니다. 소크라테스는 사람들의 의견을 듣고 질문을 던지며 그에 대한 대답을 듣고 자신의 질문을 재차 던지며 끊임없이 대화하는 사람이었습니다.

잘 알려져 있듯이 소크라테스 스스로는 단 하나의 문장도 남기지 않았습니다. 우리가 지금 소크라테스의 철학에 대해서 이야기할 수 있는 것은 그의 제자 플라톤을 비롯한 다른 동시대 인물들이 소크라테스의 여러 말들을 기록으로 남겨놓았기 때문입니다. 혹시라도 그가 활약했던 기원전 5세기 무렵에는 사람들이 대개 글을 남기지 않앉을 것으로 생각하시는 분들도 계실 줄 압니다. 그러나 30여 권에 이르는 어마어마한 양의 대화편을 집필했던 플라톤은 소크라테스보다 겨우 40년 후에 태어났다는 사실을 기억해주시기 바랍니다. 소크라테스는 매우 의식적으로, 말하자면 매우 의도적으로 글을 남기지 않았습니다. 그는 글의 철학자가 아니라 말의 철학자였습니다.

◦◦◦▲◦◦

왜 그랬을까요? 왜 아테네를 뒤흔들었던 대철학자 소크라테스는 자신의 생각을 단 한 편의 글로도 남기지 않았던 것일까요?

소크라테스는 글을, 문자를 믿지 않았습니다. 그는 인간이 절대적인 진리를 소유할 수 없다고 보았습니다. 인간은 다만 겸손히 진리를 따라가고 진리를 추구할 뿐입니다. 그런데 글은 어떻습니까? 자신이 알고 있는 진리를 남에게 설명하는 형식을 띠고 있습니다. 그래서 그는 글을 쓰는 일을 거부하고 거리로 나갔던 것입니다. 사람들과 질문을 주고받는 철학적 대화를 통해 아주 조금씩 같이 움직이면서 올바른 진리의 길로 함께 나아가는 것이 중요하다고 생각했습니다. 가르치는 사람과 배우는 사람이 따로 있지 않습니다. 모두가 함께 머리를 맞대고 지혜를 모아야 합니다. 왜냐하면 우리는 신이 아니기 때문입니다. 오직 신만이 진리를 소유합니다. 인간은 다만 그 진리를 어렴풋이 헤아리며 쫓아갈 뿐이죠.

"너 자신을 알라"라는 그의 말의 핵심이 여기에 있습니다. 우리가 유한하다는 것, 우리는 절대적 진리를 소유할 수 없다는 것, 우리는 신이 될 수 없는 운명을 지니고 있다는 사실을 한시도 잊어서는 안 된다는 것입니다.

〰✦〰

이 말이 소크라테스의 철학을 상징하는 가장 대표적인 문장이기는 하지만, 이 말을 그가 만들어낸 것은 아닙니다. 당시 고대 그리스 델포이의 신전 입구에 새겨져 있던 말입니다. 델포이는 아테네로부터 북서쪽으로 약 150킬로미터 정도 떨어진 곳에 위치한 폴리스입니다.

델포이는 당시 '세계의 배꼽', 그러니까 세계의 중심에 위치한 매우 신성한 곳으로 여겨졌습니다. "너 자신을 알라"라는 말이 그곳의 신전에 새겨져 있었다는 것은 이 말이 고대 그리스인들의 정신을 지배한 가장 대표적인 가치 중의 하나였다는 뜻일 겁니다. 그리고 소크라테스는 바로 이 말을 자신의 철학의 중심으로 삼게 된 것입니다.

〰✦〰

그러나 어쩌면 이 신념으로 인해서 소크라테스는 죽음을 맞이했습니다. 기원전 469년에 아테네에서 태어난 그는 70세가 되던 해인 기원전 399년에 세상을 떠났습니다. 그가 사망한 이유는 잘 알려져 있습니다. 그는 일군의 사람들로부터 고발당했습니다. 그래서 재판을

자크 루이 다비드(Jacques-Louis David, 1748~1825), 〈소크라테스의 죽음〉, 1787.
그림 속 소크라테스의 손가락은 〈아테네 학당〉에서의 플라톤의 손가락과 닮아 있다.

받았고 사형을 언도받아 사약을 받고 감옥에서 차갑게 죽어갔지요.

인류 역사상 가장 유명한 재판 중 하나였던 이 재판의 전체 과정
은 소크라테스의 제자였던 플라톤이 저술한 『소크라테스의 변론』이
라는 책에 잘 기록되어 있습니다. 소크라테스가 고발된 혐의는 '나
라의 신을 섬기지 않고, 청년들을 타락시킨다'라는 것이었습니다.
이 두 가지는 삶의 모든 문제를 따져 묻는 소크라테스의 철학적 실
천을 겨누고 있습니다. 그는 사람들이 가지고 있는 종교적, 도덕적
신념에 대해서 비판적 질문을 쏟아냈고 또한 젊은이들에게도 아테

네 사회의 전통적 가치를 단순히 학습할 것이 아니라 스스로 따져 묻기를 권유했습니다. 소크라테스는 "따져 묻지 않는 삶은 살 가치가 없다"라고 말했습니다.

재판정에 피고인으로 선 소크라테스, 그는 자신의 철학과 지난 삶의 과정에 대해 자세하게 말합니다. 소크라테스 자신은 인생의 여러 가지 근본적인 문제들에 대한 해답을 구하기 위해 당시에 학식 있다고 여겨지는 사람들을 찾아가 배움을 구했다고 말합니다. 그런데 그 과정에서 자신이 깨달음을 얻었다고 합니다. 삶의 근본적 질문에 대해서는 어떤 사람도 완벽한 대답을 갖고 있지 않다는 것이지요. 그래서 참된 지혜의 출발은 자신의 무지를 깨닫고 이를 인정하는 것이라고 역설합니다. 이것이 "나는 내가 알지 못한다는 것을 안다"라는 소크라테스적 역설의 의미입니다.

ⓒ⥈⥉

소크라테스 철학이 가지는 이런 성격은 앞서 우리가 살펴본 피타고라스, 헤라클레이토스, 파르메니데스의 경우와는 매우 다릅니다. 소크라테스 이전에는 철학이 주로 세계의 본성을 탐구하는 우주론 혹은 형이상학의 주제에 몰두했다면 소크라테스 시대에 와서 인간 삶의 문제에 대해 사유의 방향을 겨누게 되죠. 로마 시대의 철학자 키케로Cicero, BC 106~43는 소크라테스에 대해서 다음과 같이 말했습니다.

"소크라테스는 철학을 하늘에서부터 지상으로 불러온 첫 번째 인물이다. 그리고 그는 도시에 철학의 자리를 만들었으며 집 안에까지 철학을 끌고 들어왔다. 소크라테스에 의해서 철학은 삶에 대해 그리고 윤리와 선과 악에 대해 탐구하게 되었다."

이렇게 고대 그리스의 철학은 소크라테스 이전과 이후로 분명하게 나뉘게 됩니다. 소크라테스 이후의 이야기들은 우리가 잘 알고 있습니다. 그는 플라톤을 키워냈고 플라톤의 제자는 아리스토텔레스입니다. 그리고 소크라테스의 철학을 바탕으로 메가라학파, 키니코스학파, 키레네학파 등이 생겨났고 결국 헬레니즘 시대에 에피쿠로스학파와 스토아학파를 낳게 되었습니다. 서양의 고대 철학은 소크라테스로부터 시작해서 소크라테스에게 묻고 다시 그에게로 돌아가는 원환 운동으로 이루어져 있습니다. 그는 서양 철학의 시조입니다.

❧

"너 자신을 알라"는 자기 자신에 대한 매우 준엄한 심판의 말로, 그리하여 자기 자신을 혹독하게 지적으로 채찍질하라는 말이라고 많이들 생각하실 것 같습니다. 그러나 이는 사실 따뜻한 위로와 돌봄의 말이기도 합니다. 소크라테스가 "너 자신을 알라"라고 항상 외쳤던 것은, 결국 인생의 주인공은 너 자신이며, 따라서 인생의 최고 과제는 항상 자기 자신을 따뜻하게 돌아보는 일이라고 생각했기 때문일 겁니다. 철학은 자신의 결핍을 돌아보는 일입니다. 그리고 타인과의 대화를 통해서 그 결핍을 조금씩 채워나가는 일입니다.

"너 자신을 알라"라는 이 말은 우리의 유한성을 지적하는 뼈아픈 충고이고 또 우리가 왜 타인과 함께 살아가야 하는지에 대한 명쾌한 설명이며 삶의 목적으로 시선을 돌리라는 따뜻한 권유의 문장이기도 합니다.

07

이상과 현실

플라톤과 아리스토텔레스

제 이 그림의 가장 중요한 부분으로 시선을 옮길 차례입니다. 이곳의 수많은 인물 중 어느 한 사람 소홀히 여길 학자는 없습니다만, 그 어느 누구도 그림의 한가운데 자리하고 있는 이 유명한 두 인물에 비할 수는 없을 겁니다.

화면의 중앙에 두 사람이 서 있습니다. 사실 서 있다기보다는 우리에게 아주 천천히 걸어 나오고 있습니다. 누가 봐도 이 〈아테네 학당〉의 주연배우임을 알 수 있죠. 더구나 이 두 사람 주변 양쪽으로 열을 지어 배치된 사람들 때문에 이들의 권위는 더욱 돋보입니다. 화면을 가득히 채운 학자들은 어쩌면 이 두 사람의 굳건한 위치를 더욱 돋보이게 하기 위한 보조 장치 정도에 불과하다는 생각마저 듭니다. 이 두 주인공은 더구나 이 그림의 원근법에서 소실점에 해당하는 바로 그곳에 정확히 위치해 있습니다.

이 두 사람이 누구인지는 잘 알려져 있습니다. 플라톤과 아리스토텔레스입니다. 고대 그리스 철학에서 가장 핵심적인 위치를 차지하는 이 두 사람이 〈아테네 학당〉의 가장 중요한 정중앙의 자리를 차지한 것은 너무도 당연합니다.

나이 차이가 제법 나는 스승과 제자가 그림의 무게 중심을 지탱하고 있습니다. 플라톤이 기원전 427년생이고 아리스토텔레스가 기원전 384년생이니 두 사람의 나이 차이는 43년에 이릅니다. 예를 들어 라파엘로가 30세의 아리스토텔레스를 그렸다면 그때 플라톤은 73세인 셈입니다.

이 두 사람의 자세에서 가장 눈에 띄는 건 그들의 오른손의 모습입니다. 플라톤은 손가락으로 하늘을 가리키고 있고 아리스토텔레스는 땅을 향해 손바닥을 펴고 있습니다. 널리 알려진 유명한 동작이죠. 플라톤은 '이상'을 중시하는 철학자이고, 아리스토텔레스는 '현실'을 강조하는 철학자입니다. 이는 각각 초월과 내재, 혹은 상승과 하강으로 표현될 수도 있을 겁니다.

이 대조적인 방향은 두 철학자의 발에도 나타나 있습니다. 플라톤은 맨발이고 두 발의 뒤꿈치를 살짝 들고 있습니다. 가볍게 땅을 딛고 뛰어오를 것만 같은 자세입니다. 신을 신었다면 거추장스럽게 느껴졌을 겁니다. 반면에 아리스토텔레스는 샌들을 신고 굳건히 발을 바닥에 딛고 서 있습니다. 가지런히 앞쪽을 향하면서 긴장감을 자아내는 플라톤의 두 발과는 달리, 아리스토텔레스의 발은 적당한 각도로 벌어져 있어서 친근하면서도 편안한 느낌을 자아냅니다.

대조적인 성향은 두 사람의 옷에도 표현되어 있습니다. 천장에 걸린 철학을 상징하는 '톤도'에서도 드러났듯이 여기서도 모두 네 가지의 색이 시야에 들어옵니다. 우선 플라톤은 보라색과 주홍색의 옷을 입고 있습니다. 이 두 색은 전통적으로 각각 공기와 불을 상징합니다.

이 둘은 모두 위로 올라가려는 성질을 띠고 있죠. 상승의 철학자 플라톤에게 잘 어울립니다. 반면 아리스토텔레스의 옷은 푸른색과 갈색인데요, 이는 각각 물과 흙을 의미합니다. 물과 흙은 공기와 불과는 달리 모두 아래로 내려가려는 속성을 지니고 있습니다.

공기, 불, 물, 그리고 흙, 이 넷은 고대에 만물의 근원이 되는 '네 원소'로 불렸습니다. 기원전 5세기의 철학자 엠페도클레스가 이 넷을 만물의 네 '뿌리rhizomata'라고 지칭한 이후, 이 네 원소에 대한 신념은 거의 2천 년 동안 매우 강렬하게 서양 문화를 지배했습니다.

여기 라파엘로도 플라톤과 아리스토텔레스를 각각 상승과 하강의 철학자로 표현함에 있어서, 이 전통적 신념에 기대고 있는 셈입니다. 라파엘로는 손과 발, 그리고 복장, 소품에까지 두 사람의 대비되는 성향을 세심하게 구별해 표현했습니다.

꒰ꆚ꒱

이상과 현실, 상승과 하강이라는 두 가지의 대조적인 방향은 두 사람의 왼손에도 잘 나타나 있습니다. 플라톤은 왼손으로 책이 지면에 직각 방향이 되도록 들고 있고, 이와 대조적으로 아리스토텔레스는 책을 수평으로 들고 있습니다. 두 사람의 오른손이 가리키는 방향을 왼손에 들고 있는 책이 더욱 강화하고 있는 셈이죠. 아리스토텔레스의 경우 책을 잡는 자세가 사실 다소 어색한데요, 라파엘로가 이를 감수한 것을 보면 그만큼 책을 드는 방향을 중요하게 생각한 것 같습니다.

그러나 사실 책의 각도보다 중요한 것은 책의 주제와 성격입니다. 플라톤의 손에 들려 있는 책은 'TIMEO'라는 제목을 가지고 있습니다. 이는 『티마이오스Timaios』라는 대화편의 이탈리아어 표기입니다. 플라톤이 말년에 저술한 이 책은 그의 원대한 형이상학과 우주론을 담고 있습니다. 플라톤의 수많은 저술 중에서 상승의 철학, 이상주의의 철학을 표현하기에 이보다 더 적합한 대화편을 고를 수는 없습니다. 더구나 이 대화편은 르네상스 시기에 활짝 꽃피었던 신플라톤주의의 형성에 아주 중요한 역할을 하기도 했습니다. 라파엘로가 이 그림에서 플라톤의 많은 대화편 중에서 이 책을 고른 것은 그런 이유에서이기도 합니다.

반면 아리스토텔레스는 오른손으로 책 제목을 살짝 가리고 있는데요. 이 책에는 'ETICA'라는 이탈리아어 제목이 붙어 있습니다. 이는 『윤리학Ethica』입니다. 형이상학과 달리 윤리학은 우리의 주어진 현실에서 어떻게 행동해야 하는지, 어떻게 살아야 하는지를 묻습니다. 여기서도 플라톤은 저 너머의 세계를 탐구하는 철학자로, 반면 아리스토텔레스는 우리가 발을 딛고 있는 이 세계에 대해서 철학적 관심을 기울인 철학자로 그려졌습니다. 요컨대, 플라톤은 전형적인 이상주의적 철학자이고 아리스토텔레스는 현실주의적 철학자인 것이죠. 물론 앞에서 천장에 그려진 '톤도'에 대한 설명에서도 말씀드렸지만 철학의 전통적인 분야는 자연과 도덕으로 여겨졌습니다. 여기서 플라톤 우주론의 『티마이오스』 그리고 아리스토텔레스의 도덕

을 다루는 『윤리학』은 철학의 전통적 분야인 자연과 도덕, 두 분야를 정확히 드러내고 있기도 합니다.

༺✿༻

사실 플라톤과 아리스토텔레스는 다른 여러 가지 측면에서 매우 대조적인 유형의 철학자입니다. 플라톤의 문체는 매우 자유롭고 문학적입니다. 그래서 그의 저술 안에는 서로 모순되는 진술들마저 가득합니다. 그러다 보니 플라톤의 저술을 읽을 때는 매번 배경이 중요하고 문맥이 중요하고 주제가 중요합니다. 플라톤의 텍스트는 다양한 독해를 허락하지요. 심지어 '플라톤의 철학' 같은 것은 없고 오직 『국가』에 나타난 플라톤의 철학', 『티마이오스』에 나타난 플라톤의 철학' 정도가 플라톤의 의도에 어울리는 탐구의 적합한 주제라고 말하는 사람들도 있습니다. 해석의 여지가 많은 만큼 플라톤의 후예들 또한 그러했습니다. 아주 다양한 플라톤학파들이 생겨났지요.

반면에 아리스토텔레스는 매우 논리적인 사람입니다. 그의 정교하고도 세밀한 논증을 따라가는 일은 쉽지 않지만 큰 틀에서 보면 아주 극단적으로 대조적인 다양한 해석이 나오기는 어렵습니다. 아리스토텔레스 스스로 매우 분명하고 명징하게 자신의 생각을 펼쳐 갔기 때문이죠. 그래서 아리스토텔레스의 경우는 제자들이 스승의 생각을 오로지 자신만이 올바르게 대변하고 있다고 주장하면서 서로 경쟁하는 일이 플라톤의 경우에 비해 많지 않았습니다.

◟◞

잘 알려져 있듯이 아리스토텔레스는 플라톤의 제자였습니다. 그런데 어떻게 두 사람은 이렇듯 전혀 다른 길을 걷게 되었을까요? 플라톤에 대한 아리스토텔레스의 입장은 다음과 같은 라틴어 문장에 가장 잘 압축적으로 표현되고 있습니다.

"*Amicus plato, sed magis amica veritas.*"

"플라톤은 내 친구다, 그러나 진리는 더욱 뛰어난 내 친구다."

즉, "나는 플라톤을 사랑한다, 그러나 진리를 더욱 사랑한다"라는 의미입니다. 그러니까 아리스토텔레스의 말은 플라톤이 자신의 스승이긴 하나 그의 철학은 결점을 안고 있어서 그의 입장을 그대로 따르기보다는 자신이 생각하는 진리의 길을 밟겠노라는 것입니다.

실제로 아리스토텔레스는 자신의 여러 저서에서 플라톤의 철학이 가지고 있는 이상주의적 지향을 그야말로 신랄하게 비판했습니다. 그는 사변보다는 경험을 중시하고 초월적 사고보다는 현실적 사고를 중요하게 여겼으며 일원주의적 사고방식보다는 상대적으로 다원주의적인 사고방식을 선택했습니다. 물론 쉬운 일은 아니었겠죠. 아리스토텔레스에게 플라톤은 자신의 아버지보다 나이가 많은 스승이었습니다. 그래도 아리스토텔레스는 자신의 길을 꿋꿋하게 걸어갔고, 그의 제자들도 플라톤의 제자들과는 다른 철학적 길을 밟아나갔습니다. 그리하여 플라톤학파와 아리스토텔레스학파의 두 거대한 흐름이 형성되었고 이들이 이후 2천 년 동안 서양의 철학을 실질적으로 지배하게 됩니다.

◦◦✥◦◦

〈아테네 학당〉의 중심에 플라톤과 아리스토텔레스가 서 있다는 것은 그 두 사람이 서양의 고대 철학에서 절대적 중요성을 차지하고 있다는 것을 말해줍니다. 그리고 그 철학적 의미는 상승과 하강이 철학의 가장 중요한 두 모티프라는 것, 그리고 이상주의적 철학과 현실주의적 철학이 서로 경쟁하면서 서양의 철학사를 구성해왔다는 것을 의미하죠. 세상에는 이상주의자도 있고 현실주의자도 있습니다. 혹은 이상주의에 더 호감을 느끼는 이들도 있고 현실주의에 더 호감을 느끼는 이들도 있습니다.

여러분은 이상주의자에 가깝습니까? 아니면 현실주의자에 가깝습니까? 이 질문을 달리하면 여러분은 플라톤주의자에 가깝습니까? 아니면 아리스토텔레스주의자에 가깝습니까? 이 둘은 오늘날에도 여전히 세상을 움직이는 두 가지 관점이라 할 수 있습니다. 철학의 주제는 크게 달라지지 않습니다. 인간 삶의 본질이 달라지지 않기 때문입니다. 그래서 철학은 시대의 흐름을 이겨냅니다. 오늘에도 여전히 고대의 철학을 공부하는 이유입니다.

철학과 정치는 만날 수 있는가

플라톤

럽 철학의 역사를 간결하게 요약하자면, 그것은 플라톤 철학에 대한 각주다."

영국의 철학자 화이트헤드A. Whitehead, 1861~1947의 유명한 이 말은 플라톤이라는 철학자가 서양 철학사에서 갖는 의미를 단적으로 드러냅니다. 그러니까 저 유구한 철학의 전통을 수놓은 모든 철학자가 결국 '플라톤과 나머지 철학자들'로 간단히 나뉠 수 있다는 거죠. 더구나 철학사의 본문을 써 내려간 사람은 플라톤이 유일하고, '나머지 철학자들'은 부분적으로 이에 대해 자신의 의견을 보탤 뿐이어서 참된 의미에서 철학의 역사를 내용적으로 규정하는 사람들은 아니라는 뜻입니다. 플라톤의 철학을 계승하건 아니면 그를 비판하건, 서양의 철학사는 어차피 그가 미리 짜놓은 전통의 틀 안에 놓여 있을 테니까요.

그러나 우리의 〈아테네 학당〉을 보면 라파엘로는 적어도 화이트헤드보다는 온건하게 플라톤의 위치를 표현하고 있습니다. 플라톤과 아리스토텔레스 두 사람을 정중앙에 세웠으니까요.

꿍

플라톤은 기원전 427년경 고대 그리스의 아테네에서 태어나 기원전 348년 사망했습니다. 플라톤은 30여 권에 이르는 방대한 저서들을 남겼습니다. 고대 철학자들의 경우 그들이 남긴 저서 중의 상당수가 유실되었는데 플라톤의 경우는 그렇지 않습니다. 그의 모든 저작이

라파엘로는 르네상스 시기의 빛나는 선배 작가인 레오나르도 다빈치를 모델로 플라톤을 그렸죠. 왼쪽은 〈아테네 학당〉에서 라파엘로가 그린 플라톤의 초상이고, 오른쪽은 레오나르도 다빈치가 60세 정도일 때 그린 자화상이다.

현재 우리 손에 남아 있죠. 큰 행운이라 할 만한 일입니다. 오히려 그의 권위와 명성을 빌린 위작들을 가려내는 것이 고전학자들의 과제이긴 합니다.

플라톤의 저작들은 대화체로 쓰여 있습니다. 말하자면 철학적 희곡이라 할 수 있죠. 이는 플라톤이 매우 의식적으로 선택한 양식이었습니다. 가장 중요한 목표 중의 하나는 스승 소크라테스의 철학을 가능한 한 완전하고 생생하게 기록하려는 것이었습니다. 이 목표를 위해서 대화체보다 효과적인 문체는 없습니다. 플라톤의 저술은 항상 소크라테스가 다른 여러 동료와 나누는 생생한 대화로 이루어져 있습니다. 젊은 시절 철학적 스승 소크라테스를 만난 사건이 그의 일생 전체를 규정했습니다. 소크라테스가 고소를 당해 재판을 받고 독약을 마신 것이 기원전 399년, 그러니까 플라톤이 28세 때의 일입니다. 이후로 그는 소크라테스의 철학을 기록하고 전파하며 철학적으로 더욱 풍성하게 발전시키는 일을 자신의 사명으로 삼았습니다.

물론 플라톤 철학이 중기에서 후기로 넘어가면서는 대화편에서 소크라테스가 차지하는 역할이 조금씩 소극적으로 변합니다. 스승의 영향으로부터 점점 독립하고 있다는 의미겠죠. 그러나 위대한 철학자 소크라테스의 충실한 학생이라 자처하는 플라톤의 생각은 그의 최후까지 고스란히 이어집니다.

◎◈◎

더 나아가 대화체는 소크라테스와 플라톤이 공유하고 있던 철학의 이념을 가장 잘 드러내는 글의 형식이기도 합니다. 철학적 진리는, 만일에 그런 것이 있다면 그것은 일방적인 연설이나 강의로 전달될 수 없습니다. 왜냐하면 그것은 어느 개인이 자신의 주관 내부에 사적으로 보유하는 소유물 같은 것일 수 없기 때문입니다. 그러니 말이나 설명의 형태로 타인에게 전달할 수도 없습니다.

우리는 모두 유한한 존재입니다. 우리가 머리를 맞대고 서로의 생각을 부딪쳐가며 올바른 방향에 대해서 탐구할 때 하나의 사건으로 기적처럼 나타나는 것, 그것이 철학적 진리가 우리에게 다가올 수 있는 유일한 길입니다.

◌◟◈◞◌

플라톤의 철학에 대해서 조금이라도 이야기를 시작하려면 아테네의 민주주의를 먼저 이야기해야 합니다. 플라톤이 활동하던 고대 그리스의 폴리스 아테네는 민주주의 사회였습니다. 그 사회의 구성원들이 모두 모여 공동체의 중요한 일에 대해 함께 토론하고 함께 결정했으며, 국정의 책임을 맡을 대리인들을 뽑아 나라를 운영해나갔습니다. 이런 사회에서는 다양한 모임과 집회에서 자신의 의견을 합리적으로 남들에게 설명하고 설득하는 능력이 무엇보다 중시됐다는 것을 우리는 충분히 짐작할 수 있습니다.

당시 아테네에서는 이런 능력을 시민들에게 교육하는 교사 집단이 나타나게 되는데, 이들이 바로 '소피스트'입니다. 이 소피스트들은 상대주의를 사상적인 배경으로 하고 있었습니다. 각자가 가진 의견 외부에는 진리가 존재하지 않는다. 누구나가 따라야 할 절대적인 진리 같은 것은 존재하지 않는다는 입장입니다. 민주주의는 상대주의를 양육합니다. 진리는 다수결에 의해서 결정되는 것이니까요. 민주주의와 상대주의와 소피스트는 함께 자라났습니다.

그런데 여기에는 문제가 없지 않았습니다. 절대적인 진리의 기준이 존재하지 않으니, 그런 철학 아래서 이들은 종종 돈에 의해서만 움직이곤 했습니다. 어떤 사람으로부터 돈을 받고 그를 가르치다가, 그보다 더 많은 돈을 주기로 하는 사람이 나타나면 설사 반대되는 입장이라고 하더라도 바로 그에게로 가서 그가 듣고 싶어 하는 이야기를 들려주고 그가 가진 정치적 신념을 훈육했습니다. 돈에 의해서 움직이면서 매번 그 당사자가 가지고 있는 의견이 올바른지 그른지는 따져 묻지 않고, 상대주의적 관점에서 그의 연설의 기술적 능력만을 교육하는 데에 몰두했죠.

이런 사회 분위기에 저항한 사람이 있었으니 그가 바로 플라톤의 스승 소크라테스였습니다. 그리고 플라톤은 스승인 소크라테스가 걸어간 그 길을 계속 걸어갔습니다. 플라톤은 상대주의를 비판하고, 우리 모두가 인정할 수밖에 없는 객관적인 진리가 있다는 점을 말하기 시작했습니다.

플라톤은 많은 윤리적인 덕목이 개인의 취향에 의해서 결정될 수 없다고 생각했습니다. 어떤 사회가 정의로운 사회인지, 어떤 사회가 도덕적인 사회인지, 각각의 개인들이 그리고 각각의 사회가 서로 다른 의견을 가질 수 있지만, 종국에 모든 이가 동의할 수밖에 없는 정의로운 사회의 구조, 도덕적인 사회의 구조가 있다고 생각하고, 그것을 탐구하는 일에 전 생애를 바쳤습니다.

플라톤『국가』의 일부가 적혀 있는 옥시링쿠스(Oxyrhynchus) 파피루스, 3세기경.

⌇⌇⌇

라파엘로의 그림에서 플라톤이 들고 있는 대화편은 『티마이오스』지만 플라톤 철학의 내적 문맥의 관점에 있어서 이후의 가장 중요한 책은 아무래도 『국가*Politeia*』일 것 같습니다. 거기서 그는 자신이 생각하는 이상적인 국가의 모습을 여러 측면에 걸쳐 아주 상세하게 묘사하고 있습니다. 그중 가장 중요한 주장으로, 플라톤은 나라에서 가장 지혜로운 자가 그 나라를 다스려야 한다고 말합니다.

"철학자가 왕으로서 다스리거나, 아니면 왕이 충분히 철학하지 않는 한, 그리하여 정치 권력과 철학이 한데 합쳐지지 않는 한…… 인류에게 있어서 나쁜 일들은 종식될 수 없다네."

공동체는 가장 고도의 지식과 지혜에 의해서 구축되고 유지되어야 한다는 어쩌면 가장 평범하지만 핵심적인 진리를 드러내고 있습니다. 그러면서 이는 민주주의가 가지고 있는 치명적인 약점을 우리가 어떻게 보완해나가야 하는가의 문제로 우리의 시선을 인도합니다. 다수가 결정하는 것이 진리지만 어떨 때 다수의 결정은 진리를 따라야 하기도 합니다. 합의를 통해 진리를 구축하는 일, 그리고 진리를 통해 합의를 구축하는 일, 이 두 가지의 과제를 플라톤이 『국가』에서 탐구하고 있는 셈이죠. 물론 쉽지 않은 일이고 어쩌면 불가능한 일일지도 모릅니다. 그래서 사람들은 이를 흔히 '이상주의'라고 부르죠.

෮෯ஃ෯෮

이상주의는 목표에 대한 태도입니다. 이상주의가 비난받는 이유는 그것이 현실에 대한 태도로 오인되고 있기 때문입니다. 우리가 매번 목표를 세우고 긴 안목으로 청사진을 만드는 일은 극히 정상적인 일이고 또한 반드시 필요한 일이기까지 합니다. 이상적인 잣대를 현실에 갖다 대고 주어진 상황에 대해서 슬퍼하거나 책망하는 마음, 그것은 참된 이상주의와는 거리가 먼 태도입니다. 이상주의자는 자신의 목표를 지금 여기서 달성할 수 있는가 없는가에 대해서는 아무런 관심을 두지 않습니다. 왜냐하면 그의 시선은 지금 여기로 향하여 있지 않기 때문입니다. 그는 다른 곳을 보고 있는 사람입니다. 그가 그곳에 갈 수 있을지 없을지 또한 중요하지 않습니다. 왜냐하면 그 가능성의 구현 여부는 그의 관심사가 아니기 때문입니다. 그는 걷는 사람이고 애쓰는 사람이며 배의 노를 저을 뿐인 사람입니다.

유토피아utopia, 이 말은 '아무 곳에도 없는 장소'라는 뜻입니다. 우리 모두가 꿈꾸는 가장 아름다운 공동체, 우리 모두가 꿈꾸는 행복하기만 한 삶, 그런 것은 아무 곳에도 없습니다. 그러나 오히려 그 부재로 인해 우리의 꿈과 이상과 노력이 의미를 가집니다. 항해하는 사람은 바로 앞의 파도를 보며 가지 않습니다. 그는 보이지 않는 목적지를 머릿속에 부지런히 그려가며 조금씩 앞으로 나아갑니다. 이상주의는 꿈을 꾸며 살아가는 모든 이들의 철학입니다.

09

제비 한 마리가 왔다고
여름이 온 것은 아니다

아리스토텔레스

테네 학당〉의 정중앙에서 플라톤과 함께 서 있는 아리스토텔레스를 만나볼 차례입니다. 철학의 역사에서 아리스토텔레스의 영향력은 그의 스승인 플라톤에 결코 뒤지지 않습니다.

그의 철학은 중세에서 르네상스에까지 이르는 긴 시간 동안 절대적인 권위로 자리 잡고 서양 학문 전반의 지배적 패러다임으로 작용해왔습니다. 특히 중세의 기독교 교회는 아리스토텔레스의 철학을 뼈대로 삼고 그 바탕 위에 사변적 교리들을 구축해왔습니다. 움베르토 에코의 유명한 소설 『장미의 이름』은 중세에 아리스토텔레스라는 이름이 얼마나 절대적인 권위를 지녔는지 잘 보여주고 있습니다. 스콜라철학 시대의 대표적인 신학자 토마스 아퀴나스Thomas Aquinas는 자신의 저작에서 아리스토텔레스를 단순히 'the Philosopher'라고 표기했습니다. 물론 다른 모든 철학자는 그 고유한 이름으로 인용했지요.

෨෨

아리스토텔레스는 기원전 384년 그리스 북부의 스타게이라에서 태어났습니다. 그의 가족은 아리스토텔레스가 17세 때 아테네로 이주한 것으로 보이며, 그는 곧 플라톤이 세운 학교인 '아카데미아'에 입학했습니다. 그리고 거기서 약 20년 동안 머물렀지요.

플라톤이 타계한 후 아카데미아의 교장 자리를 가장 탁월한 제자였던 그가 아닌 다른 이가 맡게 되면서 아리스토텔레스는 아테네를 떠났습니다. 후에 그리스 북부 마케도니아 출신의 세계사적 영웅인 알렉산드로스 대왕*Alexandros Megas, BC 356~323*의 개인 교사를 맡기도 했죠. 그러다가 기원전 335년 아테네로 다시 돌아와서 자신의 학원 '리케이온*Lykeion*'을 설립하여 제자들을 양성하고 철학적 동료들과 같이 철학을 비롯한 다양한 분야의 학문을 연구해나갔습니다. 그의 나이 62세가 되던 기원전 322년에 아테네에서 사망했습니다.

◦⟨∾⟩◦

플라톤의 철학이 소크라테스와의 관계에서만 이해될 수 있는 것처럼 아리스토텔레스의 철학도 오직 플라톤 철학과의 관계에서만 올바르게 평가될 수 있습니다. 오히려 소크라테스와 플라톤의 관계는 상대적으로 단순한 면이 있습니다.

 소크라테스가 타계한 것은 플라톤의 나이 28세 때입니다. 이후 플라톤은 소크라테스의 다른 제자들과 때로는 경쟁하고 때로는 협업하며 철학적 작업을 이어왔지만, 어쨌든 스승이 부재한 상태였습니다. 비교적 스승의 그늘에서부터 자유로웠겠지요. 반면에 아리스토텔레스의 경우는 그렇지 않습니다. 플라톤과 나이 차이가 43년에 이르기는 하지만, 20년 동안이나 제도적인 학교에서 플라톤의 지도적 교수 활동 옆에 있었으니까요. 물론 이 시기의 아리스토텔레스가 플라톤의 철학을 단순히 학습하는 수동적인 학생의 위치에 있었던 것은 아닙니다. 이미 자신만의 고유한 사상 체계를 꾸리는 독립적 사상가로서의 면모가 나타납니다.

그러나 말씀드린 것처럼 플라톤의 아카데미아는 그가 아닌 다른 사람이 이어받았고, 또한 아리스토텔레스가 아테네로 돌아와서 자신의 학원을 세우고 독자적으로 철학 활동을 펼치기 시작했을 때, 플라톤의 제자들이 꾸려나가던 아카데미아 또한 규모 면에서나 영향력 면에서나 아테네에서 상당한 위치를 점하고 있었습니다. 아리스토텔레스는 플라톤 생전에도 그리고 사후에도 여전히 그와 상당한 긴장 관계에 놓여 있었습니다. 플라톤의 '아카데미아'는 아테네 북서쪽에 그리고 아리스토텔레스의 '리케이온'은 동남쪽에 자리 잡고 있었는데요, 이 대각선 구도도 상징적으로 이런 긴장을 보여줍니다.

◎◈◎

우리의 〈아테네 학당〉에서 아리스토텔레스는 자신의 저서 『윤리학 *Ethica*』을 들고 있습니다. 사실 아리스토텔레스의 저술은 매우 추상적인 형이상학이나 논리학의 저술로부터 동물과 식물에 대한 자세한 관찰기에 이르기까지 매우 다양한데요. 라파엘로는 『윤리학』을 아리스토텔레스의 대표적인 저술로 내세우고 있는 셈입니다.

아리스토텔레스는 『윤리학』의 영역을 독립시킨 철학자입니다. 윤리학자로서의 아리스토텔레스의 이론에도 플라톤 철학에 대한 엄중한 비판자로서의 면모가 잘 드러납니다. 우선 그에 따르면 수학과 같은 이론적 학문에는 그야말로 엄밀한 진리가 가능하지만, 우리 삶

기원전 4세기 고대 그리스의 조각가 리시포스의 작품을 로마 시대에 대리석으로 복제한 아리스토텔레스의 흉상

의 영역을 다루는 윤리학과 같은 실천적 학문에는 그런 엄밀함이 가능하지 않다는 겁니다. 그런데 플라톤이 이상주의에 빠진 것은 현실의 영역에서도 이론의 영역에서처럼 엄밀한 학문이 가능하다고 믿고 이를 좇았기 때문이라는 거죠. 관념의 세계와 현실의 세계는 다릅니다. 현실의 문제는 현실에 대한 실사구시적 태도로 풀어야 한다는 것이죠. 독자적 영역을 다루는 독자적 학문으로서의 『윤리학』의 탄생을 알리게 되는 생각의 전환입니다.

◌◍◍◍

플라톤에 대한 아리스토텔레스의 두 번째 중요한 비판은 다음과 같습니다. 아리스토텔레스는 하나의 단어가 완전히 확정된 단일한 의미만을 갖지는 않는다고 생각했습니다.

예를 들어볼까요. 우리는 '좋다'라는 말을 알고 있습니다. '좋다', 이 말은 어떤 뜻을 담고 있을까요? 우리는 이 말의 의미를 당장 논리정연하게 설명할 수는 없지만, 적어도 여기에 하나의 단일한 의미와 기준이 내포되어 있다고 생각합니다. 그런데 정말 그럴까요? 그러면 예를 들어 '좋은 자동차'라는 말을 봅시다. 어떤 자동차를 좋은 자동차라 하는 것일까요? 아마도 연비가 높은 자동차 혹은 고장이 적게 나는 자동차 등을 생각할 수 있을 겁니다. 그럼 '좋은 음식'이라는 말은 어떻습니까? 맛있는 음식, 영양가가 풍부한 음식 등을 의미할 겁니다. 여기서 좋은 자동차의 기준과 좋은 음식의 기준은 정말이지 아주 다릅니다.

이것이 바로 아리스토텔레스가 주장하는 논점 중 하나입니다. 아리스토텔레스는 '좋다'라는 말에 들어 있는 단일하고 보편적인 의미 같은 것은 없다고 말합니다. 그러니까 '좋은 자동차'의 기준과 '좋은 음식'의 기준이 다르듯이 우리가 '좋은 국가'에 대해서 생각할 때의 기준을 '좋은 회사'에 곧바로 적용하면 안 된다는 거죠. 마찬가지로 '좋은 사람'과 '좋은

> ARISTOTELIS DE
> MORIBVS AD NICOMACHVM
> LIBRI DECEM.
> Græcis Latina eregionè respondent, interprete DIONY-
> SIO LAMBINO: cum eiusdem Annotationibus, &
> THEOD. ZVINGGERI Scholijs.
>
> LIBER PRIMVS.
> CAPVT PRIMVM.
> Tria ueluti prolegomena declarat: Subiectum scilicet philosophiæ Ethicæ:
> Modum siue rationem eius tractandæ & explicandæ: &
> Qualem auditorem esse oporteat.

스위스의 인문학자 테오도어 츠빙거(Theodor Zwinger, 1533~1588)가 편집한 고대 그리스어 판본에 프랑스의 문헌학자 디오니시우스 람비누스(Dionysius Lambinus, 1520~1572)의 라틴어 번역본을 같이 편집하여 1566년 스위스 바젤에서 출간된 아리스토텔레스의 『니코마코스 윤리학』

집'도 전혀 다른 기준을 가지고 판단해야 합니다. 우리는 매사에 항상 다른 기준을 가지고 접근해야 한다는 겁니다.

그런데 플라톤은 '좋은'이라는 형용사에 공통적으로 해당되는 어떤 성질 같은 것이 있으리라고 전제한 뒤 그것이 무엇인가를 매번 따져 물었다는 것이죠. 그래서 아리스토텔레스는 '좋음 자체' 혹은 '좋음의 이데아'와 같은 플라톤적 용어를 폐기하려고 합니다.

이제 우리는 아리스토텔레스의 현실주의적 도덕철학의 핵심에 다가가고 있습니다. 그에 따르면, 현실 세계에 대한 완전하고도 엄밀한 해답은 있을 수 없고, 모든 문제에 공통적으로 적용되는 단일한 하나의 해법 또한 있을 수 없습니다. 그는 이 지점에서 플라톤과 완전히 결별하게 됩니다.

그런데 이 대목에서 우리는 약간 난처해집니다. 아리스토텔레스에 따르면, 발생되는 모든 상황과 발생되는 모든 문제는 각기 나름의 상이한 성격을 가지고 있어서 우리는 그에 적합한 해결책을 매번 따로따로 구해야 합니다. 이건 좀 피곤한 일 아닐까요? 이건 좀 아리스토텔레스가 철학자로서 무책임한 건 아닐까요?

아리스토텔레스는 여기에 대해 답을 내놓고 있습니다. 한마디로 말씀드리면 우리는 좋은 '습관'을 길러야 한다는 겁니다. 우리는 어쩌다 올바른 행동을 할 수 있고 어쩌다 올바른 판단을 내릴 수 있습니다. 그러나 그것은 중요하지 않습니다. 정말 중요한 것은, 항상 올바른 행동을 하고 항상 올바른 판단을 내릴 수 있는 우리 내면의 올바른 품성을 만드는 일입니다. 그런데 이것은 하루아침에 만들어지는 것이 아니죠. 오랜 기간 동안 노력하고 또 노력하면서 꾸준히 공부하고 꾸준히 자신의 마음을 닦아야 하는 일입니다.

"제비 한 마리가 왔다고 여름이 온 것은 아니다."

윤리학 방면에서 그의 주된 저서인 『니코마코스 윤리학』에 등장하는 아리스토텔레스의 말입니다. 내면에 좋은 습관과 품성이 만들어지면, 매번 발생되는 각기 다른 새로운 상황에도 그에 맞추어 건전하고 올바른 판단을 내리기 쉬워집니다. 그리고 이를 통해 행복한 삶에 조금씩 접근할 수 있겠죠. 아리스토텔레스의 현실주의는 이렇듯 우리 내면에 좋은 품성을 쌓는 일의 중요성, 그리고 그를 위해 좋은 습관을 만드는 일의 중요성을 강조하게 됩니다.

◐◑

플라톤과 아리스토텔레스의 철학을 살펴보면서 이상주의와 현실주의에 대해 생각해봤습니다. 이상주의자는 목적에 대해서 항상 깊게 생각하고 그에 도달하기 위한 자신의 결의를 다지는 사람입니다. 반면에 현실주의자는 현재 처한 문제의 성격을 잘 이해하고 이를 해결하기 위한 방안을 찾기 위해 골몰하는 사람입니다.

세상에는 이상주의자도 있고 현실주의자도 있습니다. 둘 중에 어떤 길이 옳다고 생각하시는지요? 정답은 없습니다. 그러나 우리가 외면할 수 없는 문제죠. 그러면서 우리는 여전히 철학을 하고 있습니다. 철학은 정해진 답이 없는 곳에서 올바른 답에 대해서 생각하는 학문일 테니까요.

10

무상한 권력보다 찬란한 햇빛을

디오게네스

테네 학당〉의 한가운데로 우리의 시선을 옮겨봅니다. 한 학자가 겉옷을 벗어놓고 계단에 비스듬히 걸터앉아서 무엇인가를 읽고 있습니다. 여러분은 이 인물에게서 어떤 인상을 받으십니까? 저에게는 두 가지 정도가 눈에 들어옵니다.

우선 그의 자세가 무척이나 편안해 보입니다. 그는 이 그림에서 거의 누워 있는 자세를 취하고 있는 유일한 인물입니다. 아무것도 거리낄 것이 없다는 여유 넘치는 자세로 무엇인가를 읽고 있습니다. 그는 이 〈아테네 학당〉에서 사람들이 열의를 가지고 탐구하는 주제에 아무런 관심도 두지 않고 홀로 앉아 있습니다. 둘째로 눈에 띄는 점은 그의 옷입니다. 그는 여기 인물들 가운데 자신의 맨살을 가장 많이 드러내고 있다고 해도 과언이 아닙니다. 이로부터 우리는 그의 사상의 특징을 얼추 유추해볼 수 있습니다. 그는 아마도 뭔가 인위적인 것, 형식적인 것, 사회적인 것에 반대하고 인간의 본성적이고 자연적인 측면을 중요하게 여기는 철학자일 것입니다. 그는 디오게네스Diogenes입니다.

❦

고대 그리스에서 디오게네스라는 이름은 아주 흔한 이름이었습니다. 디오게네스라는 말이 '제우스에게서 태어났다'라는 고상한 뜻을 지니고 있기 때문이었을지도 모릅니다. 오늘날 철수나 영희처럼 고

대 세계에서는 여러 명의 디오게네스가 있습니다. 그래서 많은 디오
게네스들을 서로 구별하기 위해서, 이름에 출신 지명을 붙여 같이
말하곤 합니다. 〈아테네 학당〉에 등장하는 철학자 디오게네스는 그
의 출신지 이름을 따서 '시노페Sinope의 디오게네스'라 부릅니다. 시

노페는 흑해에 인접해 있는 터키의 북부 도시입니다.

❦

기원전 약 410년에 태어나 기원전 323년에 사망한 디오게네스는 서양 철학사를 통틀어 가장 기이하면서도 개성적인 철학자 중 한 사람으로 꼽힙니다. 그는 자유롭고 행복한 일생을 꿈꾸었습니다. 그리고는 모든 세속적인 것, 인위적인 것은 인간의 본래적인 행복에 방해된다고 보아서 모두 멀리하고 살았습니다. 아무런 재산도 소유하지 않고 평생 나무로 된 통을 집 삼아 살았습니다. 개인적인 소유를 멀리했으니 그에게 변변한 옷이 있었을 리 없습니다. 우리의 〈아테네 학당〉에서는 밝은 푸른색의 옷을 걸치고 있습니다만, 실제 그의 옷은 아마도 그냥 허름한 누더기에 가까웠을 것입니다.

소유와 명성을 멀리하며 이렇게 살았던 그가 제대로 된 저서 또한 남겼을 리 없습니다. 그래서 오늘날 우리는 철학자로서 디오게네스의 그 엄청난 명성을 뒷받침하는 정교한 이론들을 찾기 어렵습니다. 다만 그에 대해서는 몇 가지의 일화들이 전해오고 있습니다.

❦

디오게네스는 아테네에서 주로 활동하다가 말년에는 코린토스라는 도시에 거주했습니다. 이때는 알렉산드로스 대왕이 엄청난 규모의 대제국을 빠르게 확장해나가고 있을 시기였죠. 그러던 어느 날 알렉산드로스 대왕이 이 제국에서 가장 명망 높은 철학자 중의 한 사람이었던 디오게네스를 찾아옵니다. 디오게네스는 늘 그렇듯 나무통 앞에 앉아 생각에 잠겨 있었죠. 왕이 디오게네스에게 물었습니다.

"존경하는 디오게네스 선생님, 선생님의 훌륭한 명성을 듣고 왔습니다. 제가 선생님을 위해 무엇을 해드리면 좋을까요? 말씀만 하십시오."

그러자 디오게네스가 대답했습니다.

가에타노 간돌피(Gaetano Gandolfi, 1734~1802), 〈알렉산드로스와 디오게네스〉, 1792.
강인한 디오게네스의 몸에 쏟아지는 밝은 햇볕이 눈부시다.

"저를 위해서요? 그러면 거기 서서 햇빛을 가리지 말고 옆으로 좀 비켜주십시오. 저는 따뜻한 햇볕을 즐기고 있었거든요."

대제국을 건설해가고 있던 알렉산드로스 대왕에게 던진 철학자의 요청이었습니다. 어쩌면 오만하게 느껴지기까지 하는 이 당돌한 대답에 알렉산드로스 대왕은 어떤 반응을 보였을까요? 자신의 부하들을 시켜서 그 철학자를 모욕죄로 즉시 체포했을까요? 아닙니다. 왕은 부하들에게 나지막하게 이렇게 말했습니다.

"나 자신이 알렉산드로스가 아닐 수 있다면, 디오게네스가 되고 싶구나."

세속의 권력과 재물을 단호하게 거절하고 철학자로서의 조용한 삶을 선택하는 디오게네스, 그리고 이 생각을 이해하고 심지어 공감하는 알렉산드로스 왕, 이 둘의 만남은 인간의 참된 행복에 대해서 많은 생각을 하게 합니다.

꿍

이 일화를 통해서 우리는 디오게네스의 철학으로 쉽게 한 발 더 내딛을 수 있습니다. 그는 안티스테네스Antisthenes, BC 446~366로부터 시작된 소위 키니코스학파를 대표하는 인물로 꼽힙니다. 이 유파는 후에 스토아 철학으로까지 진화하게 되죠.

안티스테네스는 플라톤과 거의 비슷한 시기에 활동했던, 소크라테스의 또 다른 제자 철학자입니다. 우리가 지금은 소크라테스, 플라톤, 그리고 아리스토텔레스 정도만 기억하지만, 사실 안티스테네스는 플라톤의 아카데미아, 아리스토텔레스의 리케이온과 더불어 아테네의 지적 풍경에 큰 영향을 미쳤던 '키노사르게스*Kynosarges*'라는 자신의 학교를 아테네 교외에 운영할 정도로 명망 높은 철학자였습니다.

◈

키니코스학파, 우리말로는 흔히 '견유학파 犬儒學派'라고 번역되는데요, 이 이름은 개를 뜻하는 고대 그리스 단어 '키온*kyon*'의 형용사형인 '키니코스*kynikos*'에서 왔습니다. 그러니까 '개와 같은'이라는 의미를 지닙니다. 차가운 미소, 그러니까 냉소적이라는 말로 번역되는 영단어 '시니컬cynical'도 여기에 그 어원을 두고 있죠.

그들은 기꺼이 자신의 자연스러운 욕구에 따라 사는 개와도 같은 삶을 살기를 원했습니다. 디오게네스식 냉소는 남을 비웃는 것이 아니라 남의 일에 무관심한 것, 더 정확히 말하면 남의 일과 관련된 자신의 일에 무관심한 것을 뜻합니다. 자신의 일은 오직 자신에만 관여합니다. 나는 오로지 내가 가장 잘 압니다. 나의 가치, 내 행동의 가치, 내 생각의 가치를 평가하는 것도 오로지 나 자신일 뿐이죠. 그러니까 키니코스학파의 핵심은 나 자신과 관계하지 않는 다른 가치는 인정하지 않겠다는 것입니다. 그러니까 '개와 같은 삶'이라고 했을 때 욕망이 이끄는 대로 아무렇게나 흘러가는 삶이 아니라 오히려 본래적이고 자연적인 자기 자신에 최대한 집중하는 삶을 말합니다.

행복이란 무엇인가요? 많은 사람이 행복에 대해 말해왔습니다. 그 중에서 특히 많은 사람이 동의하는 정의가 하나 있는데요, '행복은 욕구의 만족이다'라는 겁니다. 우리가 하고 싶어 하는 것을 성취할 때 그때를 행복한 순간이라 부르고, 하고 싶은 대로 인생을 만족스럽게 꾸려나가고 있을 때 그 인생을 행복한 인생이라고 부릅니다. 어찌 보면 행복은 욕구를 분모로 하고 만족을 분자로 하면서 끊임없이 달라지는 양적 산출물인지도 모르겠습니다.

이렇게 보면 행복에 도달하려는 데는 두 가지 전략이 있는데요, 하나는 욕구의 만족에서 만족이라는 분자를 키우는 길입니다. 말하자면 더하기 전략인데요, 주어진 욕구를 전제하고 만족을 극대화하는 방안을 모색하는 겁니다. 또 다른 전략은 욕구라는 분모를 잘 살피고 이를 줄여나가는 길인데요, 소위 빼기 전략입니다. 동양적인 전통에서 '무소유'라는 개념과 통하는 생각인데요, 디오게네스는 이 후자 방안의 지지자라고 볼 수 있습니다.

물론 그렇다고 해서 디오게네스가 무조건 욕구를 없애자고 외치는 것은 아닙니다. 욕구를 완전히 상실한 인간은 더 이상 인간일 수 없을 겁니다. 다만 디오게네스는 인간에게 본래적인 욕구와 그렇지 않은 욕구를 구분하자는 것입니다. 그래서 우리에게 본래적이지 않고 불필요한 욕구는 과감하게 우리 스스로 제어할 필요가 있다고 말했던 것이죠. 그는 본래적이지 않은 욕구에 대한 과도한 추구 때문에 본래적인 욕구의 만족이 오히려 손상받고 있다고 여겼습니다.

디오게네스는 대낮에도 등불을 들고 거리를 다녔답니다. 그래서 어느 날 그의 한 친구가 물었죠.

"아니, 자네는 이렇게 밝은 낮에 웬 등불을 들고 다니는가?"

디오게네스는 대답했습니다.

"사람 같은 사람이 하도 보이지 않아서 등불을 들면 혹시라도 찾을 수 있지 않을까 해서라네."

사람 같은 사람, 진짜 사람은 누구인가요? 타인의 기준으로 자신의 행복을 판단하지 않는 사람, 자신만의 소중한 행복을 아끼는 사람, 자신만의 햇볕을 세상의 권력이나 재물과 결코 바꾸려 하지 않는 사람입니다. 진정한 행복은 진정한 욕구를 만족시킬 때 찾아옵니다. 그리고 이때 우리는 본래적인 인간, 본래적인 나를 회복하게 됩니다.

❧

여러분에게는 디오게네스의 햇볕과 같은 소중한 것이 있습니까? 돈이나 권력과 맞바꾸자고 해도 바꾸고 싶지 않은 그런 햇볕 같은 것을 가지고 계십니까? 그것은 사랑하는 가족이나 애인일 수도 있고 어떤 가치 같은 것일 수도 있으며 종교나 취미 같은 것일 수도 있을 겁니다. 나에게 진정한 행복을 가져다주는 것은, 디오게네스의 햇볕과 같은 작지만 따뜻한 나만의 어떤 것입니다. 그 햇볕 덕분에 나는 내 인생을 살 수 있고 또 행복한 인생을 살 수 있습니다. 오늘도 행복한 하루 보내시기 바랍니다.

11

학이시습지 불역열호

에피쿠로스

번에는 화면의 왼쪽으로 다시 가보겠습니다. 여기서 책을 읽고 있는 이 사나이에 주목해주시기 바랍니다. 밝은 푸른색 옷을 입고 있는 이 철학자, 그는 이 〈아테네 학당〉에 모여 있는 대부분의 학자와는 뭔가 다른 분위기를 연출하고 있습니다. 여유로운 연한 미소를 짓고 있는 독특한 인상의 이 사내는 쾌락주의 철학자 에피쿠로스입니다.

◈

그렇게 짐작하는 데에는 대략 다음과 같은 두 가지 정도 이유가 있습니다. 우선 첫 번째 단서는 그의 머리를 둘러싸고 있는 나뭇잎입니다. 이는 와인을 상징하는 포도나무 잎입니다. 물론 다른 해석도 있습니다. 담쟁이덩굴 잎이라고 보는 사람들도 있죠. 담쟁이덩굴은 바쿠스Bacchus, 그러니까 술의 신 디오니소스Dionysos의 상징입니다. 이 잎이 포도나무 잎이건 담쟁이 잎이건 술과 관련되어 있는 것은 분명하니 쾌락주의자로서의 에피쿠로스와 썩 잘 어울립니다.

두 번째로 이 철학자는 제법 통통한 얼굴을 하고 있습니다. 비만의 철학자라니요! 철학자에 대한 일반적인 인상과는 매우 다르죠. 기둥에 가려 그의 몸은 상반신만, 그것도 그 절반 정도만 드러나 있지만 얼굴의 생김새로 미루어 보건대 이 〈아테네 학당〉에서 가장 몸무게가 많이 나갈 것으로 추정되는 인물입니다. 라파엘로는 여기서 쾌락주의자 그러니까 이를테면 식도락가 에피쿠로스에 대한 르네상

스 시대의 일반적 관념을 그대로 재생하고 있습니다.

☙❧

에피쿠로스는 기원전 341년 그리스 사모스섬에서 태어나 기원전 271년에 아테네에서 사망했습니다. 마케도니아의 알렉산드로스 대왕이 세상을 뜬 것이 기원전 323년이고, 대략 그 이후를 헬레니즘 시대라고 칭하니, 에피쿠로스는 초기 헬레니즘 시대를 살다간 철학자입니다.

그는 아테네에서 '정원'이라는 자신의 철학 모임을 만들어서 활발하게 활동했습니다. 이런 이름이 붙은 것은 그가 자신의 집에 있던 정원으로 동료들을 초대해서 철학적 대화를 끌어갔기 때문이었습니다. 그는 자신의 이 정원에 아주 다양한 사람들을 불러 모았습니다. 당대의 일반적인 관습과 달리, 여자들과 노예들도 자유롭게 이 모임에 초대받았습니다.

정원은 기본적으로 사적인 공간입니다. 그래서 에피쿠로스의 철학도 어쩌면 개인주의적 성격이 짙습니다. 아테네 시내 한복판의 공적 공간에서 철학적 토론을 이끌었던 스토아학파와 비교해보면 이 에피쿠로스의 철학적 개성을 짐작할 수 있습니다. 그는 정원에서 다양한 사람들을 불러 모아서 어떤 주제를 중심으로 이야기를 나누었을까요?

그의 철학을 한마디로 말하면 여러분이 아시는 것처럼 '쾌락의 철학' 이라 할 수 있습니다. 그의 이름은 항상 쾌락주의의 대표자로 인용되고, 심지어 미식가를 뜻하는 영단어 '에피큐어epicure'도 그의 이름에서 비롯됐죠.

하지만 여기에는 에피쿠로스 철학에 대한 게으른 고정관념이 숨어 있습니다. 에피쿠로스는 마냥 좋은 음식을 배불리 먹고 좋은 와인을 마시는 삶을 찬양하는 쾌락주의 철학자는 아닙니다. 우리가 에피쿠로스의 철학에서 놓치고 있었던 것은 무엇일까요?

□□□

에피쿠로스의 철학을 말하려면 '우리가 진정 바라는 것, 우리가 원하는 것은 무엇일까'라는 질문에서 시작해야 합니다. 네, 우리는 좋은 것을 바랍니다. 나쁜 것을 바라는 사람은 세상에 없습니다. 그러면 좋은 것이란 무엇일까요? 우리는 무엇을 보고 좋은 것이라 부르는지요? 에피쿠로스는 상당히 간단하면서도 선명한 답을 내놓습니다. 우리를 즐겁게 만드는 것은 좋은 것이고 우리에게 고통을 안겨주는 것은 나쁜 것이라는 주장입니다.

그러면 우리의 삶에 있어서 중요한 과제 중의 하나는 모든 정신적이고 육체적인 고통으로부터 벗어나는 일이 될 겁니다. 이 이상적

목표를 에피쿠로스는 '아타락시아ataraxia'라고 불렀습니다. 이 고대 그리스어 단어는 '부정'을 의미하는 접두어 'a'와 '흔들다'를 의미하는 동사 'tarasso'의 결합으로 태어난 말입니다. 그러니까 흔들림이나 동요가 없는 마음의 상태를 뜻하죠. 이것이 바로 인간이 욕구하는 최고선인 참된 즐거움의 내용입니다. 에피쿠로스가 세운 학교 '정원'에는 다음과 같은 현판이 붙어 있었다고 합니다.

"그대여, 여기에서 편안히 머물게나. 우리는 즐거움을 가장 좋은 것으로 여기는 사람들이라네."

그러니까 결국 에피쿠로스는 육체적 즐거움과 쾌락만을 옹호했다기보다는, 그보다 훨씬 가치 있는 마음의 평안 그리고 그로부터 발생되는 마음의 기쁨이 인생에서 가장 귀한 것이라고 여겼던 것입니다.

◦◦◦

이러한 에피쿠로스의 생각은 죽음에 대한 그의 주장에도 선명하게 드러나 있습니다. 우리의 생각을 어지럽히는 것, 우리의 생각에 고통을 안겨주는 것으로 가장 힘이 강한 것이 바로 죽음에 대한 공포입니다. 여기에 에피쿠로스는 어떤 처방을 내놓고 있을까요? 그는 말합니다.

"죽음은 우리에게 아무것도 아니다. 우리가 존재할 때 죽음은 존재하지 않으며, 죽음이 존재할 때 우리는 존재하지 않는다."

삶과 죽음은 결국 무관합니다. 우리는 죽음을 두려워할 필요가

라파엘로, 〈토마소 잉기라미의 초상〉, 1515. 〈아테네 학당〉 속 에피쿠로스의 모습은 토마소 잉기라미 (Tommaso Inghirami, 1470~1516)를 모델로 한 것으로 알려져 있다. 당시 바티칸의 도서관장이었던 그 와 라파엘로는 매우 가깝게 지냈다. 라파엘로가 이 서명의 방의 다양한 프레스코를 그릴 때 박식한 도 서관장 잉기라미로부터 많은 도움을 받았을 것이라고 짐작된다.

없으며, 그에 대한 두려움으로 고통받을 필요도 없습니다. 죽음에 대한 공포가 삶의 참된 즐거움을 압도하는 일을 허락해서는 안 됩니다.

죽음에 대한 에피쿠로스의 이런 태도는 로마인들의 묘비에 새겨진 여러 비문에 잘 드러나 있습니다. 이를테면 로마 시대 크게 유행했던 다음의 비문은 삶과 죽음에 대한 전형적인 에피쿠로스적 관점을 보여줍니다.

"*Non fui, fui, non sum, non curo.*"

"나는 존재하지 않았다, 나는 존재했다, 나는 존재하지 않는다, 나는 상관하지 않는다."

이 시대의 비문은 우리 시대와 분위기가 아주 다릅니다. 우리보다 훨씬 가볍습니다. 몇 가지의 예를 들어보면 다음과 같습니다. "살아 있을 때 나는 즐겁게 마셨네. 살아 있는 그대여, 마시게!*Dum vixi, bibi libenter. bibite vos, qui vivitis!*", "오늘은 내가, 내일은 네가*hodie mihi cras tibi*" 등이 있습니다. 또 유명한 문장으로는 "*Sit tibi terra levis*"가 있습니다. 우리말로는 "그대 위의 흙이 가볍기를"이라는 뜻입니다. 이 문구가 나중에는 'STTL'이라는 약자로 많이 사용되었죠. 이 문구는 주로 묘비명의 맨 뒤에 위치하면서 이별을 가볍게 완성합니다. 이런 로마인들의 문장을 보면 지극히 현실적이고 유쾌한 그들의 태도를 읽어낼 수 있습니다. 그런 점에서 에피쿠로스의 철학은 전형적인 로마 시대의 철학입니다.

그런데 이렇게 즐거움을 중요하게 여기는 철학에 대해서 어떻게 생각하시는지요? 혹시 낯설게만 느껴지시나요? 공감하기 어려우신가요? 사실 쾌락주의라는 말은 에피쿠로스의 철학을 표현하는 적절한 단어는 아니라는 것이 제 생각입니다. '쾌락'이라는 우리말에는 부정적인 함축이 너무 강하게 들어 있습니다. '즐거움의 철학자 에피쿠로스'라는 규정으로 이미 충분합니다. 사실 즐거움에 대한 에피쿠로스식의 찬미는 동양에서 가장 으뜸가는 고전 중 하나인 『논어論語』의 첫 구절에서도 발견할 수 있습니다.

"학이시습지 불역열호, 유붕자원방래, 불역낙호學而時習之, 不亦說乎, 有朋自遠方來, 不亦樂乎"

이 말은 "배우고 익히니 즐겁지 아니한가? 먼 곳에서 친구가 찾아오니 이 또한 기쁘지 아니한가?"라는 뜻이죠. 이처럼 『논어』 또한 즐거움을 노래하고 있습니다. 배움의 즐거움, 그리고 좋은 친구를 만나는 즐거움이 바로 그것이죠. 공자와 에피쿠로스가 즐거움의 가치를 강조했다는 것이 뜻밖이라고 생각하지는 않으신지요. 하지만 삶의 진리를 탐구하는 일에 동양과 서양이 어떻게 따로 갈 수 있겠습니까.

물론 인생의 최고선, 행복이 곧 즐거움은 아닙니다. 즐거움과 기쁨 말고도 우리에게 다양하고도 깊은 의미를 안겨주는 여러 가지의 요소들이 있을 수 있죠. 그러나 즐겁지 않은데 그럼에도 행복한 인생, 그런 것은 없는 것 같습니다. 행복한 인생을 사는 사람은 즐거운 인생을 삽니다. 그리고 한 사람이 어떤 즐거움을 가장 귀한 즐거움으로 여기고 있는가를 보면, 그 사람이 어떤 것을 가장 귀한 행복으로 여기고 있는지, 그래서 결국 그 사람이 어떤 것을 가장 중요한 가치로 여기고 있는지 알 수 있습니다.

여러분은 어떤 즐거움을 누리고 계신지요? 여러분에게는 어떤 즐거움이 가장 귀한가요? 이것이 우리 삶의 가치를 되돌아보는 질문이 되길 바랍니다.

12

구석 자리에서
행복에 대해 생각하다

제논

번에는 우리 〈아테네 학당〉의 구석 자리로 가보겠습니다. 학당의 가장 끝자리에서 어두운 표정으로 중앙 쪽을 바라보고 있는 이 흰 수염의 노老철학자, 그가 오늘의 주인공 제논입니다. 제논은 오늘날 터키 남부의 키프로스섬에 있는 키티온Kition에서 태어났습니다. 그래서 파르메니데스의 제자이면서 아킬레우스와 거북이의 역설을 이야기한 엘레아의 제논과 구별하여 그를 '키티온의 제논'이라고 부릅니다.

그가 태어난 해는 기원전 335년이니, 아리스토텔레스가 세상에 태어난 뒤 50년쯤 지났을 때이고, 마케도니아의 알렉산드로스가 왕위에 즉위한 다음 해였죠. 제논은 20대에 아테네로 와서 본격적으로 철학을 연구하고 강의했으며, 그곳에서 기원전 262년경 세상을 떠났습니다. 그러니까 이 키티온의 제논이 활동하던 시기는 아테네와 스파르타로 대표되는 고전 그리스의 황금 시기를 지나 헬레니즘이 막 꽃피려는 시점입니다.

❧

이 키티온의 제논이 〈아테네 학당〉의 다른 철학자들과 당당히 어깨를 나란히 할 수 있는 이유는 그가 스토아주의라는 거대한 철학적 흐름을 처음으로 만들어낸 사람이기 때문입니다. 스토아학파의 창시자가 바로 이 키티온의 제논입니다.

스토아학파는 로마 시대에 가장 강력했던 철학의 유파였습니다.

스토아 철학 없는 로마를 상상하기 어렵습니다. 스토아 철학자들은 개인적으로는 금욕적 생활과 절제를 강조했고, 공적으로는 국가나 인류 전체에 대한 도덕적 의무를 중요시했습니다. 그래서 로마제국을 유지시켰던 정신적 기둥이었다고 말할 수 있죠. 우리가 알고 있는 키케로Cicero, BC 106~43, 카토Cato, BC 95~46, 세네카Seneca, BC 4~AD 65, 에픽테토스Epiktetos, 55~135, 마르쿠스 아우렐리우스Marcus Aurelius, 121~180 등 로마 제국의 주요한 철학자들이 대부분 스토아주의자였죠.

〰️

스토아학파라는 이름은 어디서 유래한 것일까요? 고대 로마의 철학에 익숙하신 분들도 '스토아stoa'라는 단어의 의미를 기둥으로 알고계신 경우가 있는데, 엄밀히 보면 정확하지는 않습니다.

스토아는 여러 기둥을 뜻하는 것이 아니라 기둥들이 줄지어 세워진 공간을 지칭하는 이름입니다. 건물의 내부와 외부 사이에 여러 기둥을 세운 공간인 스토아를 두는 것은 고대 그리스에서 매우 유행하던 건축 양식 중의 하나였죠. 이 공간은 건물 내부라고 할 수는 없지만 그렇다고 외부라고 말하기도 어렵습니다. 그러나 내부가 아니라고 할 수도 없고 외부가 아니라고 하는 것도 문제가 있죠. 내부이면서 외부이고, 내부가 아니면서 또한 외부가 아닌 공간, 그것이 고대의 스토아였습니다.

아테네에 있는 복원된 아탈로스의 스토아

⊙◅&▻⊙

고대의 아테네가 시내 한가운데에 공적인 광장인 '아고라agora'를 둔 것은 아주 유명하죠. 그런데 이 아고라에 이렇게 스토아를 둔 몇 건물들이 있었습니다. 그중에서 '스토아 포이킬레stoa poikile'라는 건물이 있었죠. 여기서 '포이킬레'란 채색되었다는 뜻인데, 이 건물 벽면에 여러 점의 채색화가 걸려 있었기 때문에 이런 이름이 붙여졌습니다. 이는 폭이 13미터, 그리고 길이가 36미터 정도 되는 비교적 큰 건물이었습니다.

키티온의 제논은 평상시 이 건물에서 여러 철학적 동료를 만나 철학 담론을 나누었고 그래서 이 '스토아 포이킬레'는 제논과 그 무리의 상징이 되었습니다. 그래서 이들이 스토아학파라고 불리게 되었죠.

내부와 외부 사이에 있는 공간인 스토아, 그것은 스토아 철학이 가지는 속성을 잘 드러냅니다. 스토아주의는 행복을 향하는 철학적 처방에서 주관주의적 경향을 대표합니다. 그러면서도 개인이 공동체에 대해서 지고 있는 도덕적인 의무를 매우 강조하기도 했죠.

◈

스토아학파의 철학자들은 어떤 매력으로 많은 사람을 사로잡았던 것일까요? 그것은 매우 쉽지만 강력한 물음으로 시작합니다. 우리는 누구나 행복을 원합니다. 그런데 왜 우리는 행복해지기 어려운 것일까요? 우리가 지닌 앎의 능력이 유한해서 행복의 저 엄청난 비밀이 자신의 본래 모습을 우리 앞에 드러내지 않는 것일지요?

제논의 생각에 따르면 행복이 무엇인지, 인생에서 정말 좋은 것이 무엇인지 아는 것은 그리 어렵지 않습니다. 우리에게 본래적으로 주어진 이성이라는 선물을 활용해서 자연이 움직이는 질서를 파악할 수 있습니다. 그런데 많은 경우에 우리의 판단력은 바람 앞의 촛불처럼 계속 흔들리고 부서집니다. 그래서 행복이 어디에 놓여 있는지 파악하기 어렵고, 그래서 우리는 행복보다는 불행에 빠지기 쉽다는 겁니다.

그러면 우리의 판단력은 왜 그토록 연약하고 왜 그토록 동요하는 것일까요? 스토아학파의 생각에 따르면 그것은 파토스*pathos*, 즉 정념, 그러니까 우리의 감정 때문입니다. 우리는 순간의 감정에 잘 휘둘리고 그래서 판단력이 약해지고 그래서 행복이 무엇인지 파악하기 어렵고 그래서 행복에 이르기 어렵다는 겁니다. 그래서 스토아학파 사람들은 인간 행복의 중요한 조건으로 '아파테이아*apatheia*'를 이야기합니다. 이 말은 부정을 뜻하는 접두어 '*a*'에 정념 혹은 감정을 뜻하는 '*pathos*'가 결합된 말입니다. 그러니까 내가 나의 내면의 격한 감정을 완전히 제어하여 더 이상 그 감정에 함부로 휘말리지 않는 상태를 뜻하죠.

예를 들어 매번 분노로 인해 자기 자신을 절제하지 못하는 사람은 사태를 올바로 판단하기 어려운 법이죠. 슬픔과 불안과 공포와 질투, 이 모든 감정은 외부의 사건이 나의 내면을 뒤흔들기 때문에 생겨납니다. 내가 아파테이아, 그러니까 이런 부정적 격정으로부터 벗어나 흔들리지 않는 상태가 되면 나는 외부의 변화로부터 자유로워질 수 있고, 이때 내 인생의 참된 주인이 되는 것입니다.

⊶⊷

이를 위해서는 또 다른 스토아학자 에픽테토스Epiktetos, 55~135의 이야기에 한번 귀 기울이는 것도 좋습니다. 그는 행복에 대한 자신의 철학적 처방을 '우리에게 달려 있는 것'과 '우리에게 달려 있지 않은 것'의 구별에서 시작합니다. 우리의 힘으로 통제할 수 없는 것이 있고, 반면에 우리의 결심과 의지에 따라서 얼마든지 통제 가능한 영역이 있다는 겁니다. 이 둘을 구분하는 것이 지혜의 출발이자 본질입니다. 물이 위에서 아래로 흐른다고 화내는 것도 어리석은 일이요, 돈이 행복을 보장한다는 생각을 고쳐먹지 않는 것도 마찬가지로 어리석은 일입니다. 세상을 보는 눈을 바꾸면 내 마음이 달라지고 그것으로 더 견실하고 투명하게 세상을 판단하게 될 수 있죠.

미국의 개신교 신학자 라인홀드 니부어Reinhold Niebuhr, 1892~1971는 다음과 같은 유명한 기도문을 남겼습니다.

"주여, 우리에게 우리가 바꿀 수 없는 것들을 평온하게 받아들일 수 있는 은혜를 주시고, 우리가 바꾸어야 하는 것들을 바꿀 수 있는 용기를 주시며, 이 둘을 분별할 수 있는 지혜를 주시옵소서."

◦◦◦◦

키티온의 제논이 펼친 철학적 이론의 세부에 대해서는 유감스럽게도 많이 알려져 있지 않습니다. 그러나 기원후 3세기경 활약했던 디오게네스 라에르티오스Diogenes Laertios라는 작가 덕분에 우리는 그에 대해 간접적으로나마 몇 가지 이야기를 접할 수 있습니다.

그에 따르면, 제논은 본래 많은 사람이 모인 곳을 좋아하지 않았고, 그래서 모임이 있을 때면 이 큰 스승을 앞자리에 모시려는 사람들의 권유를 뿌리치고 대개 맨 가장자리에 앉았다고 합니다. 과연 오늘 우리의 〈아테네 학당〉에서도 제논은 이 넓은 공간의 맨 가장자리에 있습니다. 설마 라파엘로가 이런 구체적인 역사적 기록까지 모두 검토했던 걸까요? 사실 우리로서는 알 길이 없습니다. 그러나 혼란스러운 정념과 감정에서 벗어나려 했던 '아파테이아'의 철학자인 제논에게, 조용하고도 평온한 구석 자리는 꽤 잘 어울리는 것 같습니다.

이 구석 자리에의 권유는 사실 행복에 대한 철학적 처방뿐만 아니라 대부분 종교에서의 가르침이기도 합니다. 『신약 성서』의 「누가복음」에서는 자기를 높이는 사람은 낮아지고 자기를 낮추는 사람은 높아질 것이라는 예수의 이야기를 전하고 있습니다. 그러면서 잔치 자리에 초대받으면 구석 자리에 앉으라고 충고합니다.

◦◦◦

여러분의 자리는 대개 어디인가요? 구석 자리에서 세상을 보면 세상만사가 한눈에 들어옵니다. 맨 앞자리, 빛나는 정 가운데의 자리에서는 잘 보이지 않던 것들이 시야에 들어옵니다. 그 조용한 순간에, 어쩌면 약간은 외로울 수 있는 그 순간에, 우리는 마음의 번잡한 동요 없이 담담하게 인생을 다시 생각하게 됩니다.

제논처럼 가끔은 조용히 구석에 자리를 잡고 주변을 둘러보시기를 바랍니다. 어쩌면 보이지 않았던 비밀들이 조금씩 눈에 들어올지도 모릅니다.

13

왕이시여, 왕도는 없습니다

에우클레이데스

리 시대와 마찬가지로 고대 그리스에도 수많은 동명이인이 존재합니다. 앞서 디오게네스라는 이름을 가진 위대한 인물들이 여러 명이라는 말씀을 드렸는데요, 고대 그리스의 이름 또 하나가 그러합니다. 바로 에우클레이데스Eukleides입니다.

우선 기원전 403년부터 402년 동안 잠깐 아테네의 아르콘archon, 고대 그리스 도시 국가의 행정을 맡아보았던 최고 책임자을 맡았던 에우클레이데스가 있습니다. 두 번째의 에우클레이데스는 기원전 435년경에 메가라에서 태어나서 이후 소크라테스의 충실한 제자가 된 철학자입니다. 그는 주요한 소크라테스학파 중의 하나였던 소위 메가라학파의 창시자이죠. 세 번째의 에우클레이데스는 우리가 흔히 유클리드Uclid라고 부르는 기하학자 에우클레이데스입니다. 그는 알렉산드리아에서 태어났기 때문에 '알렉산드리아의 에우클레이데스'라고 불립니다.

✦

이 기하학자 에우클레이데스가 〈아테네 학당〉에 등장합니다. 우리의 시선을 오른쪽으로 옮겨보겠습니다. 여기 많은 사람이 모여 있습니다. 이 중에서 바닥에 놓인 작은 칠판에 컴퍼스를 가지고 무엇인가를 열심히 설명하는 이 사람이 바로 오늘의 주인공인 기하학자 에우클레이데스입니다. 손에 쥐고 있는 컴퍼스와 칠판에 그려 있는 도

형이 그가 누구인지를 분명하게 설명해주고 있습니다. 상체를 많이 숙이고 있어서 그의 얼굴이 분명치는 않지만, 라파엘로는 자신을 로마로 부른 나이 많은 동료인 브라만테를 모델로 에우클레이데스를 그렸습니다.

에우클레이데스는 기하학의 창시자라 할 수 있는 인물입니다. 에우클레이데스라는 이름은 기하학과 떨어질 수 없고, 기하학이란 학문의 이름은 에우클레이데스라는 인물과 떨어질 수 없습니다. 기하학은 에우클레이데스와 더불어 태어났습니다. 그리고 이 체계는 거의 2천 년 동안 서양의 학문 전체를 뒷받침했죠. 이 위대한 인물은 도대체 어떤 업적을 남겼던 것일까요?

◦♨◦

먼저 에우클레이데스가 탄생시킨 이 기하학이라는 학문에 대해서 잠깐 설명해드려야 할 것 같습니다. 기하학은 도형의 성질을 다루는 수학의 한 분야죠. '기하학'이라는 영단어 '지오메트리geometry'는 땅을 뜻하는 고대 그리스어 'ge'와 측정을 뜻하는 'metria'가 합쳐져서 생겨난 말입니다. 기하학은 땅을 측량하는 기술에서 발전해 나왔습니다.

사실 기하학적 지식을 많이 가지고 있었던 건 고대 이집트인들이었죠. 나일강 유역은 비가 많이 오면 강이 범람하는 일이 잦았습니다. 그래서 토지의 경계를 재고 확정하는 일이 매우 긴요했고, 이를 바탕으로 땅을 정확히 측정할 수 있는 기하학적 지식이 크게 융성했습니다.

그러나 이 실용적 지식을 하나의 추상적 학문의 체계로 발전시킨 것은 고대 이집트인들이 아니라 북쪽의 고대 그리스인들이었습니다. 무엇이든 추상화하는 것, 이것은 고대 그리스인들의 특기였습니다. 직각 삼각형에 대한 피타고라스의 정리 내용도 고대 이집트인들은 이미 알고 있었습니다. 그러나 그뿐이었죠. 고대 그리스인들은 거기에 만족하지 못하고 그것을 추상적인 수식으로 표현하고 연역적 이론 체계로까지 만들게 된 것입니다.

기하학은 이렇듯 추상적 사고를 요구합니다. 그리고 물론 추상적일수록 진리에 가깝다는 고대 그리스인들의 신념이 있었죠. 플라톤 또한 추상적 학문으로서의 기하학에 대한 사랑이 각별했습니다. 플라톤은 '아카데미아'라는 자신의 학원을 세웠는데요, 거기에는 다음과 같은 현판이 달려 있었다고 합니다.

"기하학을 모르는 자는 들어오지 마라."

에우클레이데스에 관련된 이야기가 하나 전해옵니다. 어느 날 그가 제자들을 모아놓고 기하학 강의를 하고 있었는데 어느 한 제자가 다음과 같이 질문했습니다.

"선생님, 이 모든 기하학의 복잡한 이야기들은 도대체 어디에 써먹는 건가요?"

이에 대해 스승은 공부하던 다른 학생들을 향해 이렇게 이야기했답니다.

"저 학생에게 돈을 좀 쥐여주고 이 자리에서 나가게 하는 게 좋겠네. 저 친구는 자기가 배운 것에서 항상 뭘 얻어가야 한다고 생각하니 말일세."

실용적인 구체성으로부터 멀어질수록 보편적 진리에 가까이 갈 수 있다는 신념은 서양의 정신사를 지배한 고대 그리스의 강력한 유산입니다.

◈

우리가 유클리드라고 익숙하게 부르는 이 학자는 〈아테네 학당〉의 다른 학자들과 마찬가지로 생애 또한 대략 추정할 수 있을 뿐인데요, 기원전 330년경에 태어나 기원전 270년경 사망한 것으로 알려져 있습니다.

에우클레이데스의 주된 활동 무대는 당시 학문의 중심지 중의 하나였던 알렉산드리아였습니다. 이 지역은 알렉산드로스 대왕의 후계자 중의 한 사람이었던 프톨레마이오스 1세에 의해서 다스려지고 있었죠. 이 위대한 왕은 에우클레이데스를 나라의 가장 중요한 지식인의 한 사람으로서 극진히 모셨고, 스스로 기하학을 배우는 데에도 아주 열심이었다고 합니다. 그런데 왕으로서 수행해야 할 여러 바쁜 일정 때문에 공부가 마음 같지 않았던 모양입니다. 어느 날 왕이 에우클레이데스에게 다음과 같이 물었다고 합니다.

"선생님, 제가 요새 기하학을 열심히 배우고 있는 것을 잘 아실 겁니다. 그런데 이 공부가 참 쉽지 않네요. 선생님, 혹시 기하학을 좀 쉽게 배우는 방법이 없겠습니까?"

이에 대해 에우클레이데스는 다음과 같이 대답했습니다.

"왕이시여, 기하학으로 가는 길에는 왕도王道가 없습니다."

여기서 왕도, 그러니까 왕의 길은 페르시아 제국의 중앙을 통과하는 긴 길을 지칭하는 이름인데요, 이는 제국의 동과 서를 잇는 엄청난 건설 프로젝트로 지어진, 오늘날로 말하면 고속도로 같은 길이었습니다. 그러니까 에우클레이데스의 대답은 기하학을 공부하기 위해 빠르게 갈 수 있는 지름길 같은 것은 존재하지 않는다는 뜻입니다.

⌒⌒⌘⌒⌒

에우클레이데스는 여러 저술을 남겼지만 그중 가장 중요한 것은 무엇보다도 『기하학 원론』 더 정확하게는 『원론』이라는 책입니다. 이 책은 모두 13장으로 이루어져 있는데요, 기하학의 전체 학문 체계를 논리적으로 새롭게 구성하고 있습니다. 기원전 300년경에 집필된 저술이라고는 믿기지 않을 정도로 그 내용과 서술 방식이 정교합니다. 정의와 공리를 기반으로 연역적 논리 체계를 구축하고 있죠. '점은 부분이 없는 것이다'라는 점의 정의, 그리고 '선은 폭이 없는 길이이다'라는 선의 정의로부터 출발하면서, 평면 기하학과 입체 기하학, 그리고 수에 대한 이론까지 포함하는 매우 광범위한 영역을 다루고 있습니다.

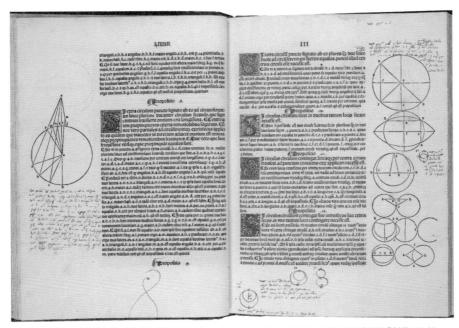

독일의 인쇄사업가 에르하르트 라트돌트(Erhard Ratdolt, 1447~1528)가 1482년에 제작한 『원론』의 최초 인쇄본

이 책은 매우 오랫동안 수학과 기하학의 교과서로 사용되었습니다. 20세기 영국의 수학자이자 철학자였던 버트런드 러셀Bertrand Russell은 "에우클레이데스의 『원론』은 인류의 가장 위대한 저술 중의 하나다"라고까지 이야기했습니다.

그런데 이 책에서 흥미로운 점이 하나 있습니다. 그것은 이 책에 담겨 있는 수많은 기하학에 대한 이론 중에서 막상 에우클레이데스 자신이 스스로 만들어낸 이론은 많지 않다는 사실입니다. 기하학에서 수십 가지의 정의와 수백 가지의 명제들을 다루고 있는 이 책 대부분의 내용은 에우클레이데스 이전의 학자들이 남겨놓은 이론들에서 온 것들입니다. 물론 이 선대의 학자들 중에서는 우리가 앞서 공부한 피타고라스도 포함되어 있습니다.

그러면 에우클레이데스는 무엇을 했을까요? 그는 이 모든 기하학적 이론들을 잘게 쪼개고 재배열한 뒤에 조심스럽게 이어 붙여서 하나의 거대하고도 논리정연한 체계를 새롭게 구성했습니다. 비유컨대 그는 스스로 원자재를 생산해낸 것도 아니고 스스로 부품을 만든 것도 아닙니다. 남들이 만들어놓은 원자재와 부품들을 가져다가 그 생산자들은 꿈도 꾸지 못했던 어마어마한 상품을 만들어냈던 겁니다. 에우클레이데스의 공적은 새로운 것을 발명해낸 데 있는 것이 아니라, 자신에게 주어진 재료들을 열심히 연구해서 그들을 새로운 체계로 다시 엮은 데에 있습니다.

꧁꧂

우리는 '새로움'에 대한 압박으로 힘들어할 때가 제법 많습니다. 새로운 제품이 아니면 사람들이 환영해주지 않을 것이고 새로운 작품이 아니면 사람들이 흥미를 갖지 않을 것이기 때문입니다. 새로운 아이디어가 아니면 점점 살아남기 어려워지고 있습니다.

그런데 이런 '새로움'은 어떻게 얻어지는지요? 물론 어느 날 번개처럼 우리의 머릿속을 뒤흔들면서 정말 생각지도 못했던 아이디어가 쏟아질 때가 있습니다. 그러나 아쉽지만 이런 경우는 매우 드뭅니다. 더군다나 조직의 다른 구성원들에게 항상 이런 요구를 할 수도 없습니다.

그러나 다행스럽게도 우리에게는 새로움을 얻을 수 있는 또 다른 방법이 있습니다. 그것은 지금 우리가 가지고 있는 것들을 다시 배치해보는 방법입니다. 사람도 그렇고 제품도 그렇고 아이디어도 그렇습니다. 분해하고 다른 방식으로 새로 조립해서 다른 위치와 다른 배경에 가져다 놓으면 이제까지 전혀 발견하지 못했던 측면들이 새롭게 빛나곤 합니다. 새로움은 꼭 외부에서 오는 것만은 아닙니다. 우리가 이미 가지고 있는 여러 요소를 다시 살피고 이를 재배치하다 보면 이제까지 보지 못했던 새로운 측면을 발견할 수 있을 겁니다. 이것이 바로 에우클레이데스의 방법입니다.

14

정신의 아름다움에 눈뜨는 때

플로티노스

테네 학당〉에는 위쪽과 아래쪽에서 서로 모여 이야기를 나누는 몇몇 소그룹들이 등장하는데요. 그런데 그 어느 무리에도 속하지 않고 저 시끌벅적한 소동으로부터 한 발짝 떨어져서 서 있는 철학자가 있습니다. 그의 이름은 바로 플로티노스Plotinos입니다. 굳건하면서도 강렬한 그의 자세에서 우리는 사변적이고도 난해한 그리스어를 구사하면서 신비주의적 철학을 열어나갔던 플로티노스 철학의 면모를 읽을 수 있을 듯합니다.

플로티노스가 언제 어디서 태어났는지, 그의 부모는 어떤 사람이었는지 정확히 알려지지 않았습니다. 후대의 여러 보고를 살펴서 이로부터 몇 가지 추정을 할 수밖에 없죠. 일부 학자들은 그가 204년경 오늘날 이집트 지역의 리코폴리스란 곳에서 태어난 것으로 여깁니다. 그는 이후에 당시 학문의 중심지 중의 하나였던 알렉산드리아로 가서 철학을 공부했고, 40세가 될 무렵 로마로 이주했습니다. 그리고 로마에서 계속 철학자로 활동하다가 270년경 사망한 것으로 짐작됩니다.

꿍♨꿍

플로티노스의 철학을 한 단어로 규정하자면 '신플라톤주의Neo-platonism'라고 할 수 있습니다. 이 말은 두 가지의 의미를 담고 있습니다. 첫째, 그의 철학은 플라톤의 철학을 계승합니다. 그는 젊은 시절에 플라톤의 철학을 접한 이후로 완전히 매료되어 평생 플라톤의

철학과 더불어 살았습니다. 그러니까 그는 플라톤의 충실한 제자요 후예입니다. 그가 플라톤을 후대에 전해주었고, 그래서 그 덕분에 고대의 플라톤이 중세로 전해지며 기독교 교리 형성에 결정적 역할을 하게 되었으며, 이후 르네상스에까지 큰 영향을 미치게 됩니다.

둘째, 우리는 플로티노스의 철학을 그냥 플라톤주의라고 이야기하지 않고 '신新'자를 앞에 붙여 '신플라톤주의'라고 말합니다. 이는 플로티노스가 플라톤의 철학을 그 본래 모습 그대로 후대에 전달하지는 않았다는 점을 말해줍니다. 그는 플라톤의 철학을 접하고는 자기 나름대로 새로운 해석을 시도했습니다.

우리는 플라톤과 같이 위대한 철학자가 사망한 후에 그 철학의 계승을 둘러싸고 아주 다양한 철학적 유파들이 성립됐을 것이라고 쉽게 짐작할 수 있습니다. 많은 이가 플라톤의 충실한 제자를 자처했으니까요. 더군다나 플라톤은 생전에 아카데미아라는 자신의 학원을 세우기까지 했고 이곳에서 플라톤 철학의 다양한 해석과 발전적 계승이 시도되었습니다. 그러나 아테네의 아카데미아가 지니는 영향력은 점차 줄어들었고, 이후 플라톤 철학의 전승과 해석은 기원후 3세기에 출현한 플로티노스의 신플라톤주의가 주도하게 됩니다. 그리고는 전성기를 거쳐 6세기 정도까지 그 영향력이 이어집니다.

❧

이 플로티노스의 신플라톤주의는 역사적으로 매우 중요한 의미를 가집니다. 아시다시피 서양의 중세는 기독교의 교리를 정립한 여러 교부에 의해서 본격적으로 시작되는데요, 이들이 이때 이론적 도구로 삼았던 것이 바로 플로티노스에 의해서 전해진 플라톤의 철학입니다.

또한 중세 이후 르네상스 시기 철학의 전개에 있어서도 플라톤에서 플로티노스로 이어지는 신플라톤주의 철학은 결정적인 역할을 하게 됩니다. 피렌체의 코시모 데 메디치Cosimo de Medici, 1389~1464는 이탈리아 르네상스의 가장 빛나는 시기를 가능하게 했던 인물이었습니다. 그런데 그는 플라톤의 철학과 플로티노스의 신플라톤주의의 강력한 지지자였습니다. 비잔틴 제국의 플라톤 학자 게미스토스 플레톤Gemistos Plethon, 1355~1452의 영향을 강하게 받았죠.

코시모는 1459년에 고대 아테네에 있었던 '플라톤의 아카데미아'를 피렌체에 다시 세우게 됩니다. 동로마 제국의 황제인 유스티니아누스에 의해서 아카데미아가 폐쇄된 것이 529년이니, 그는 거의 1천 년 뒤에 자신이 다시 플라톤의 아카데미아를 부활시켰다고 생각한 셈입니다. 그리고 이 아카데미아의 좌장으로 젊고 야심 많은 학자 마르실리오 피치노Marsilio Ficino, 1433~1499가 임명되지요. 피치노 또한 열렬한 플라톤주의자로서 최초로 플라톤의 모든 저작을 라틴어로 번역한 엄청난 인물입니다. 그런데 피치노의 플라톤주의는 사실상 플로티노스에 의해서 마련된 신플라톤주의의 강력한 영향 아래 있었습니다. 그는 스스로 플로티노스의 저작에 대한 상세한 주석서를 집필했고, 제자격인 조반니 피코 델라 미란돌라Giovanni Pico della

피렌체 인근에 있는 '카레지의 메디치 빌라'. 여기에 플라톤의 아카데미아가 다시 세워졌다.

Mirandola, 1463~1494에게 플로티노스의 저작 『엔네아데스*Enneades*』를 라틴어로 번역할 것을 권유하기도 했습니다. 서양 정신사의 큰 기둥 중의 하나가 플라톤의 철학인데, 플로티노스가 고대의 플라톤을 중세와 르네상스에 전해준 셈입니다.

᙭

그러나 말씀드렸다시피 플로티노스는 플라톤의 문장들을 단순히 반복하지 않았습니다. 아시다시피 플라톤의 철학은 이원론의 경향이 강합니다. 현실과 이상을 나누고, 이 세계와 저 세계를 나누며, 영혼과 육체를 나누죠. 플로티노스는 그 이원론적 성격이 다소 불만이었습니다. 그래서 플로티노스는 유출이라는 자신의 독특한 형이상학적 개념을 도입했습니다. 유출流出, 그러니까 '밖으로 흘러넘친다'라는 뜻입니다.

그에 의하면 세상의 만물들은 샘에서 물이 흘러넘치듯이 절대자로부터 생겨나게 됩니다. 이 세상은 신만큼 완전하지는 않지만 신으로부터 나왔고 또 신에게로 돌아갑니다. 만물에 신이 깃들어 있다고 생각하는 범신론이자, 하나의 절대자만으로 세상의 존재를 설명하는 일원론에 가깝습니다. 진정한 후계자는 선대의 철학을 이렇듯 창조적으로 계승하는 법입니다.

◈◈◈

플로티노스는 흥미롭게도 절대자에게서 가장 먼저 흘러나온 것이 '정신'이라고 말합니다. 그러니까 유일한 절대자와 가장 가까운 것, 가장 먼저 흘러나올 정도로 중요한 것이 바로 정신이라는 겁니다. 그가 설명하고자 하는 정신이란 무엇일까요? 세상에서 가장 아름다운 것은 정신, 바로 우리의 내면입니다. 플로티노스는 다음과 같이 말합니다.

"너 자신 안으로 들어가서 가만히 들여다보라. 만일 네 자신이 아름답지 않다고 생각되면 다음을 기억하라. 아름다운 조각 작품을 만들어내는 작가는 돌의 여기저기를 잘라내고 다듬고 순수하게 만들어서 마침내 아름다운 얼굴을 빚어내는 것이다. 마찬가지다. 너의 내면에서 과도한 것을 가다듬고 휘어진 것을 바르게 펴며 어두운 부분을 밝게 하면서 끊임없이 내면을 끌로 가다듬어라. 언젠가는 너 자신이 완전한 아름다운 작품이 될 것이다."

❦

그는 평생 정신의 아름다움을 추구했으며 특히 그의 노년이 그러했습니다. 플로티노스의 저술은 『엔네아데스Enneades』라는 제목을 가지고 있습니다. 이 저술을 편집한 것은 플로티노스의 제자였던 포르피리오스Porphyrios, 234~305였는데요, 그가 총 54개에 달하는 플로티노스의 글들을 한 권에 9개씩 배치해서 총 6권으로 이루어진 플로티노스의 전집을 완성했습니다. 『엔네아데스』의 '엔네아ennea'는 고대 그리스어로 9, 아홉이라는 숫자를 뜻하죠.

흥미로운 점은 모두 54편에 이르는 이 방대한 책의 대부분을 50세가 되었던 254년경부터 쓰기 시작했다는 사실입니다. 그리고 죽기 전까지 약 20년 동안 저술 활동에 계속 몰두했습니다. 플로티노스가 50세에 이르렀을 때 그는 이미 많은 제자를 키워내며 큰 존경을 받는 철학자였습니다. 그러나 읽고 배우고 생각하며 주변 사람들과 토론하는 것을 멈추지 않았고, 그의 나이 50세가 되었을 때부터 사력을 다해, 그야말로 온 정신, 자신 내면의 모든 것을 집중해서 저술 작업에 몰두했습니다. 그리고 자신의 책을 쓰면서 죽음을 맞이했습니다.

철학의 역사를 훑어보면 늦은 나이에 활발하게 저술 활동에 매진한 사람들이 의외로 많다는 것을 알게 됩니다. 소포클레스가 『오이디푸스 왕』을 저술한 것이 그의 나이 64세 때의 일이었고, 칸트가 저 유명한 『순수이성비판』을 출간한 것은 그의 나이 57세였을 때였으며, 코페르니쿠스가 『천구의 회전에 관하여』를 출간한 것은 그가 사망하던 해, 그러니까 그의 나이 70세였을 때의 일입니다.

＠〜◎

혹시 나이가 어떻게 되시는지요? 속절없이 빠르게만 흘러가는 이 세월의 힘을 어떻게 받아들이고 계시는지요? 나이가 들어가는 일은 단순한 쇠퇴나 퇴보를 의미하지 않습니다. 물론 우리의 몸은 이전과 달리 조금 더 쉽게 피곤해지고 조금 더 쉽게 지치기도 합니다. 그러나 한편으로 우리의 정신에는 세월을 통해 배운 지혜가 쌓여가고 세상에 대한 더욱 깊은 이해가 자리 잡아 갑니다. 우리는 플로티노스를 통해서 인간이라는 존재는 내면의 정신에 집중하여 그것을 아름답게 완성시켜 나가야 하는 숭고한 의무를 지닌다는 점, 그리고 그것은 세월이 흐를수록 더욱 빛나는 결실이 된다는 점을 배웁니다. 지혜로운 나이는 오히려 선물입니다.

미국의 시인 롱펠로Henry W. Longfellow는 다음과 같이 노래했습니다.

"저녁노을이 사라져가면 하늘에는 별이 가득히 차오른다네. 낮에는 볼 수 없었던 별들이."

15

여성의 학문

히파티아

철학은 남성의 학문입니다. 지금도 그러한데, 오래전 시대에는 더 말할 나위가 없었습니다. 이 〈아테네 학당〉에도 많은 남성이 화면을 가득 채우고 있습니다. 그러나 라파엘로는 여기에 한 사람의 여성을 그려 넣었습니다. 위대한 수학자인 피타고라스 뒤에서 커다란 흰옷을 몸에 두른 채 정면을 조용히 응시하고 있는 우아한 풍모의 이 학자, 그녀의 이름은 히파티아Hypatia입니다.

༺ஃ༻

히파티아, 인류 역사에서 가장 위대한 여성 학자 중의 한 사람으로 기록되는 그녀는 355년에 알렉산드리아에서 태어났습니다. 그의 부친은 저명한 수학자였던 테온Theon입니다. 히파티아는 아버지의 지도에 따라 수학을 익혔으며 탁월한 수학자로 성장했습니다. 역사에 기록된 최초의 여성 수학자라고 해도 과언이 아닙니다. 히파티아는 철학에도 헌신하여 유능한 신플라톤주의 철학자가 되었죠.

고대의 많은 역사적 기록에 따르면, 그녀는 수학과 철학뿐만 아니라 당대의 많은 학문을 두루 섭렵했으며, 그래서 알렉산드리아에서 가장 위대한 학자 중의 한 사람으로 존경을 한 몸에 받았습니다. 더구나 뛰어난 미모까지 갖추었죠. 그녀는 살면서 많은 남성의 구애를 받았지만 "나는 진리와 결혼했습니다"라고 응대하며 평생 독신으로 살았습니다.

라파엘로의 히파티아. 라파엘로는 역사적 인물인 히파티아를 프란체스코 마리아 델라 로베레
(Francesco Maria della Rovere, 1490~1538, 우르비노의 공작)를 모델로 그렸다. 그는 교황 율리오 2세의
동생인 조반니 델라 로베레의 아들이다.

여성이 단순히 가계의 경제적인 자산 정도로만 취급되던 그 당시에, 탁월한 학자로 활동한 이 히파티아가 얼마나 대단한 인물이었는지 우리는 충분히 짐작할 수 있습니다. 그런데 이 여성 학자는 매우 비극적인 죽음을 맞았습니다. 역사는 그녀가 대낮의 거리에서 참혹하게 살해되었고, 그 토막 난 시신이 광장에서 불태워졌다고 기록하고 있습니다. 도대체 무슨 일이 있었던 것일까요?

◦◦

히파티아의 삶과 죽음을 올바로 이해하려면 우선 그녀가 살았던 알렉산드리아라는 도시를 먼저 살펴야 합니다.

알렉산드리아는 고대 이집트의 북쪽에 위치한 항구 도시로서, 고대의 영웅 알렉산드로스 대왕이 기원전 331년에 자신의 이름을 따서 점령지에 건설한 도시입니다. 이후 알렉산드리아는 빠르게 성장하여 헬레니즘 시대에 지중해 문화권 최대의 도시로 자리 잡았습니다. 알렉산드로스 대왕이 죽은 뒤 이집트 지방을 통치한 프톨레마이오스 왕조는 알렉산드리아를 집중적으로 육성하였고, 그 결과 이 도시는 예전에 그리스의 아테네가 누렸던 문화적 중심지의 지위를 이어받는 데에까지 올라섰습니다.

당시 세계에서 가장 큰 규모의 도서관도 바로 이 알렉산드리아에 있었습니다. 옛 영광을 자랑하던 아테네가 궤멸하였기에 이제 그 지위를 이어받은 알렉산드리아로서는 어쩌면 당연한 일입니다. 프톨레마이오스 1세가 왕위에 오른 기원전 305년에 바로 그의 지시에 의해서 도서관 건립이 시작된 것으로 알려져 있습니다.

이 알렉산드리아 도서관에는 20만 개의 파피루스가 소장되어 있었다고 전해집니다. 20만 권의 제본된 도서라고 해도 어마어마한 양인데, 파피루스가 그만큼 수집되었다니 이 도서관의 규모는 상상조차 잘 안 될 정도입니다. 오늘날과 같이 서적이 상업적으로 자유로이 유통되지 않았기 때문에, 당대에 이 파피루스들이 가지는 가치는 참으로 엄청났을 것입니다. 세계의 모든 책이 알렉산드리아로 몰려들었습니다. 그리고 그것은 세계의 모든 지식과 문화가 그곳으로 몰려들었다는 것을 의미합니다. 찬란한 융합적 학문의 도시 알렉산드리아는 세계의 중심이었고, 거기에는 파피루스에 담긴 고대 그리스의 철학과 과학이 가득했죠.

그러다가 기원후 1세기에 이 찬란한 도시 알렉산드리아는 지중해의 패권을 차지한 로마의 지배 밑으로 들어가게 됩니다. 그리고 이 도시에 본격적으로 기독교 문화가 유입되기 시작했죠.

헬레니즘 문명의 중심이었던 도시에 헤브라이즘 문화가 강하게 유입되었을 때 어떤 일이 생겼을까요? 의외로 이 둘은 매우 평화롭고

도 조화롭게 공존했습니다. 낯선 만남이 시작된 이 시기에, 알렉산드리아는 이질적인 두 사상적 체계를 아주 현명하고 모범적으로 다루고 있었습니다. 서양 문명의 두 중심축이라 할 수 있는 그리스 문화와 기독교 문화가 이 알렉산드리아라는 도시에서 처음으로 본격적으로 만나 위대한 융합의 첫 번째 실험을 활발하게 진행하고 있었죠.

◦◦⚶◦◦

그러나 이 조심스러운 타협과 조화의 시기는 그리 오래 지속되지 못했습니다. 평화로웠던 알렉산드리아에 차츰 어두운 분쟁의 씨앗이 자라나기 시작했습니다. 355년에 태어난 히파티아는 결국 역사의 이 어둠을 피하지 못했습니다.

379년 로마의 황제로 즉위한 테오도시우스 1세Theodosius I, 346~395가 강력한 기독교 부흥 정책을 펼치면서 이교에 대한 적대적 태도가 만연하기 시작했습니다. 로마에서 시작된 이 어둡고 음습한 기운은 곧바로 알렉산드리아 전체에 짙은 그림자를 드리우게 되었습니다. 384년 주교의 자리에 오른 테오필로스Theophilos, 385~412가 단호하게 기독교를 옹호하고 이단 사상들을 공격하면서 이 도시가 어렵게 쌓아온 균형은 무너지기 시작했습니다. 그리고 412년 테오필로스의 뒤를 이어 키릴로스Kyrillos, 376~444라는 더욱 보수적인 기독교 신학자가 알렉산드리아의 주교로 부임하면서 독단은 곧 엄중한 현실이 되었습니다. 관용과 조화의 상징이었던 학문의 도시 알렉산드리아

루이 피기에(Louis Figuier), 〈철학자 히파티아의 죽음〉, 1866.

에 반목과 싸움이 넘쳐나게 되었죠.

수학과 천문학과 철학을 연구하면서 이성적 철학의 전통을 옹호하던 히파티아가 보수적인 기독교도들의 눈에 곱게 보였을 리가 없습니다. 더군다나 히파티아는 당시 이집트 총독이었던 오레스테스 Orestes와 가깝게 지냈는데 이 또한 그와 끊임없이 권력 다툼을 벌였던 키릴로스 주교를 자극했습니다.

결국 이런 긴장과 갈등 속에 415년 일군의 광신도들에 의해서 히파티아는 처참하게 살해되고야 맙니다. 그 시체는 토막 나 광장에서 불태워졌습니다. 그녀의 나이 60세 때의 일입니다. 히파티아의 죽음을 시작으로 여러 비극적인 사건들이 이어지면서 세계 학문의 중심 알렉산드리아는 급격하게 몰락하게 됩니다.

◦◦◈◦◦

700년이 넘는 세월을 가로지르며 지중해 문명의 찬란한 중심이었던 알렉산드리아 도서관도 이 무렵 최후를 맞은 것으로 보입니다. 알렉산드리아 도서관과 히파티아의 몰락이 가지는 문명사적 의미에 대해서 깊은 성찰을 보여준 칼 세이건Carl Edward Sagan은 『코스모스』에서 다음과 같이 말합니다.

"알렉산드리아 도서관의 한때 영화도 이제는 하나의 흐릿한 기억으로만 남아 있다. 히파티아가 죽고 얼마 되지 않아서 도서관에 남아 있던 마지막 책들마저 모두 파괴됐다. 인류 문명은 잘못된 뇌수술 때문에 기억 상실증에 걸린 사람처럼 총체적인 망각 속으로 빠져들었다. 인류의 위대한 발견과 사상 그리고 지식 추구의 열정이 모두 어디론가 영영 사라져 버리고 말았다. 이 손실을 어떻게 숫자로 계량할 수 있겠는가?"

◦◦◈◦◦

히파티아의 죽음은 단순히 한 위대한 학자의 죽음이 아닙니다. 그것은 자유롭고 풍요로우며 아름다웠던 이성의 시대의 죽음이고, 나아가 어떤 한 시대의 몰락, 그러니까 관용과 포용과 융합으로 넘쳐났던 위대한 시기의 몰락을 상징합니다. 그리고 이후 길고 긴 기독교 절대 권력의 시대, 중세 시대가 시작되게 됩니다.

그녀가 살해된 정확한 역사적 원인에 대해서는 학자들 간에 서로 다른 해석이 있지만, 적어도 히파티아의 죽음이 헬레니즘 시대의 종말과 중세의 시작을 알리는 상징적 사건이라는 점에 대해서는 모두 의견을 같이합니다.

✧◈✧

이후 오랜 시간이 흘렀습니다. 중세가 끝나고 이 〈아테네 학당〉 그림의 주인공 라파엘로가 활약하는 르네상스 시대가 열립니다. 라파엘로에게 이 그림을 부탁한 사람은 당시 교황 율리오 2세였습니다. 자신의 집무실에 벽화를 그려달라는 요청이었죠.

우리는 라파엘로가 이 〈아테네 학당〉에 히파티아를 그려 넣으면서, 당시 교회의 적지 않은 반대에 부딪혔을 것이라고 짐작할 수 있습니다. 기독교 역사의 어두운 면을 드러내는 이 인물이 당시 교회로서는 참으로 불편했을 것입니다. 그래도 결국 히파티아의 초상은 당당히 교황 집무실의 동쪽 벽을 떳떳하게 장식하게 되었습니다.

위대한 희생자였던 히파티아를 이토록 아름답게 살려낸 라파엘로, 그리고 이를 용인하면서 교회의 역사를 차분하게 돌아보았던 당시의 교황 율리오 2세. 그들 모두 위대한 승자입니다. 역사에는 미움과 질시, 반목과 싸움, 무력과 전쟁이 가득하지만, 그 모두를 겪으며 역사는 조금씩 앞으로 나아갑니다. 〈아테네 학당〉은 그에 대한 작지만 아름다운 하나의 증거입니다.

16

세상의 악을 어떻게 볼 것인가

조로아스터

제 그림의 오른편 아래쪽을 보시겠습니다. 여러분과 함께 살펴볼 주인공은 바로 이 사람입니다. 흰색의 부드러운 옷을 입고 무엇인가 신비감을 자아내는 긴 수염을 길렀으며 별이 가득히 들어 있는 푸른색의 둥근 천구天球를 손에 들고 있습니다. 이 범상치 않은 인상을 가진 이는 조로아스터 Zoroaster입니다.

그의 본래 이름은 '자라투스트라Zarathustra'인데요, '조로아스터'라는 표기는 '자라투스트라'의 고대 그리스식 표기인 '조로아스트레스Zoroastres'에서 온 것입니다. 독일의 철학자 니체가 저술한 『자라투스트라는 이렇게 말했다』의 인물이 조로아스터입니다. 음악을 좋아하시는 분들이라면, 모차르트의 오페라 〈마술피리〉에 등장하는 '자라스트로Sarastro'를 기억하실지도 모르겠습니다. 역시 조로아스터를 모티프로 한 인물입니다.

◎❧◎

조로아스터는 기원전 6세기경 지금의 북부 이란 지역에서 활동했던 종교 지도자입니다. 기원전 7세기에서 5세기에 이르는 약 200년 정도의 이 시기는 인류의 정신사에서 매우 중요한 의미를 지닙니다. 이 조로아스터뿐만 아니라 석가, 소크라테스, 공자, 노자 등 인류의 많은 정신적 스승들이 이 시기에 태어났고, 이들은 이후 동서양 문명의 패러다임을 결정적으로 규정하게 되죠.

이런 의미에서 이 시기를 독일의 철학자 칼 야스퍼스Karl Jaspers는 '축의 시대'라고 부르기도 했습니다. 인류 문명의 이후 전개를 이 시기가 결정적으로 규정했다는 의미입니다. 조로아스터는 위대한 철학자들과 함께 이 아름다운 〈아테네 학당〉을 거닐 만한 충분한 자격을 가지고 있습니다.

◦⚬⚮⚬◦

조로아스터는 어린 시절부터 부모님의 뜻에 따라 사제가 되기 위한 교육을 받았습니다. 그러다가 그가 30세가 되었을 때, 당시 페르시아의 종교를 근본적으로 갱신하기로 마음먹고 새롭게 자신의 종교를 창시하게 됩니다. 대체로 다신교였던 토착 종교에 반대해서 일신교의 교리를 확립하는 것이 그가 생각한 혁신 운동의 주요한 본질 중 하나였습니다.

그는 자연의 여러 사물을 모두 섬기는 다신교적 전통 앞에서 하나의 절대자, 그러니까 유일신을 제창했습니다. 그가 주장하는 신의 이름은 아후라 마즈다Ahura Mazda입니다. 조로아스터에 따르면 아후라 마즈다는 선과 빛의 창조주입니다. 그리고 그는 악과 어둠을 이겨냅니다. 따라서 선한 존재로서의 인간은 세 가지의 중요한 윤리 그러니까 '좋은 생각과 좋은 말과 좋은 행동'으로 선의 편에 서서 악에 대항해 싸워야 한다고 주장합니다. 그러면 조로아스터 경전의 언어인 아베스타Avestā어로 '아샤Asha'라고 불리는 진리의 우주적 섭리에 우리도 참여하게 되는 것입니다.

일반적으로 빛은 선을, 그리고 어둠은 악을 상징하죠. 조로아스터교는 빛을 따라 살기를 강조하면서 불의 상징적 의미를 강조했기 때문에 훗날 '배화교拜火敎'라고도 불렸습니다. 물론 조로아스터교가 불을 직접적으로 숭배한 것은 아니며, 따라서 이 명칭은 오해의 여지가 크다고 하겠습니다. 아베스타어로 '아타르Atar'라는 성스러운 불은 조로아스터교에서 진리의 상징일 뿐입니다.

⤜⤢⤝

조로아스터의 가르침은 날로 널리 퍼져나갔고 이후 페르시아 제국의 공식 종교의 지위에까지 오르게 되었습니다. 그런데 이후 이 지역에서 점차 쇠퇴의 길을 걷게 되었죠. 페르시아의 조로아스터교도들은 약 7세기부터 세력을 확대했던 이슬람교도들에게 점차 밀려나게 되었습니다. 그들 중 일부는 오늘날 인도와 파키스탄 접경에 있는 구자라트Gujarat주에 자리 잡고 살았습니다. 그러다 이후 더 남쪽으로 이주하여 오늘날 인도 서부 해안의 최대 도시 중의 하나인 뭄바이Mumbai에 자리 잡게 되죠. 이렇듯 인도에 자리 잡은 페르시아 출신의 조로아스터교도들을 '파르시Parsi'라고 부릅니다.

현재 세계적으로 조로아스터교도의 수를 약 15만 명 정도로 추산하는데, 그 가운데 파르시의 수가 약 6만 명 정도이니 현대의 조로아스터교도들 중에서 가장 큰 집단이라고 할 수 있습니다.

혹시 2018년에 큰 화제를 불러일으켰던 영화 〈보헤미안 랩소디 Bohemian Rhapsody〉를 보셨는지요. 전설적인 영국의 록 그룹 '퀸Queen'의 일대기를 그린 영화입니다. 여기서 그룹의 보컬리스트인 프레디 머큐리Freddie Mercury, 1946~1991의 아버지가 바로 파르시, 그러니까 인도로 쫓겨난 페르시아 출신 조로아스터교도의 후손입니다. 프레디 머큐리도 동아프리카의 잔지바르에서 태어났지만 여덟 살 때 인도 뭄바이로 이주하여 성장했습니다. 그러다가 18세가 되던 해에 영국으로 가족과 함께 이주하게 되죠.

1977년 공연장에서의 프레디 머큐리

이 영화에서 프레디 머큐리의 아버지는 어린 프레디에게 '좋은 생각, 좋은 말, 좋은 행동good thoughts, good words, good deeds'을 끊임없이 강조합니다. 전형적인 조로아스터교도의 문장입니다.

조로아스터교가 쇠퇴하게

된 데에는 새롭게 일어난 이슬람의 영향이 컸지만, 또 한편으로는 3세기 무렵 출현한 신흥 종교 '마니교'의 영향도 있습니다. 이 마니교의 특징은 아주 강력한 이원론입니다. 빛과 어둠, 선과 악을 엄격하게 나눈 뒤에, 그 둘이 이 세계에서 영원한 싸움을 벌인다고 주장합니다. 조로아스터교도들은 선이 악을 그리고 빛이 어둠을 물리칠 수 있다고 믿었지만, 이 마니교도들은 어둠과 악의 힘을 하나의 근원적인 원리로 보기 때문에 선의 절대적 힘을 믿지 않습니다.

이 선과 악의 강력한 이원론은 사람들의 마음을 금방 사로잡았습니다. 왜냐하면 우리는 이 세상에 악이 존재한다는 것, 그리고 이 악은 쉽게 사라지지 않는다는 것을 너무도 잘 알고 있기 때문입니다. 때로 악의 존재에 대해 무력감을 느끼기도 하죠. 대개의 경우 단적인 일원론은 우리의 상식적 감정에 잘 들어맞지 않습니다. 로마에 유입된 마니교는 급속도로 세력을 확장했고 곧 당시 기독교의 강력한 경쟁자가 됩니다. 중세의 가장 위대한 철학자이자 신학자인 아우구스티누스Aurelius Augustinus, 354~430가 청년 시절 약 10년 동안 열렬한 마니교도였던 사실은 잘 알려져 있습니다.

∽∾⚭∾∾

사실 이원론적 세계관은 매우 매력적입니다. 조로아스터교와 마니교 외에도 우리는 기원후 1세기부터 3세기 정도까지 동유럽과 페르시아 지역을 휩쓸었던 소위 '영지주의靈知主義, Gnosticism'의 열풍을 알고 있습니다. 지식을 뜻하는 고대 그리스어 '그노시스*gnosis*'에서 그 이름이 유래한 것으로도 알 수 있듯이 영지주의는 인간의 자발적인 인지적 노력에 의해서 세계의 궁극적인 비밀을 알 수 있다고 주장합니다. 당연히 기독교의 성립 과정에서 이단으로 판정받으면서 서서히 신학과 철학의 주요 무대에서 사라져갔습니다.

그런데 이 영지주의 또한 이원론적 세계관을 근본으로 합니다. 지식과 계시를 나누고, 육체와 영혼을 나누며, 선과 악을 나누고, 신과 인간을 나눕니다. 사실 기독교의 역사를 통해서 고대 그리스 철학을 이해하는 경우가 많아서 분명하게 보이지는 않을 수 있습니다만, 고대 그리스 철학은 근본적으로 이원론적인 정신을 바탕으로 합니다. 이를 거꾸로 표현하면, 기독교의 출현은 지중해 지역의 지적 전통에서 그리스적 이원론을 단번에 물리치는 새로운 세계관이 나타난 것으로 해석될 수 있습니다.

여기에 고등종교로서의 조로아스터교는 이 점에 있어서 아주 분명하게 기독교적 입장에 서게 됩니다. 인간의 선한 의지와 선한 행동 그리고 절대자의 선한 의지로 세상의 악은 궁극적으로 물리칠 수 있으며, 악은 따라서 절대적인 의미에서는 비존재 혹은 존재의 결여, 진리의 결여로 이해됩니다.

∾⚜∾

인류의 많은 종교가 항상 이원론과 싸워 왔습니다. 기독교가 그랬고 불교가 그랬으며 이슬람 또한 마찬가지입니다. 그들은 모두 궁극적인 희망을 노래했죠. 이 낙관적인 윤리적 일원론의 첫 씨앗을 뿌린 이가 바로 오늘의 주인공 조로아스터입니다. 그는 세상에 선과 악이 존재하지만 종국에는 선이 승리할 것이고, 악은 선한 힘과 헌신과 사랑으로 결국 정복된다고 가르쳤습니다. 이것이 진정한 낙관주의입니다. 그는 악을 두려워하는 패배주의와 비관주의를 넘어서고자 했습니다.

어둠이 무엇인가요? 그것은 아직 빛이 도달하지 않은 장소입니다. 빛이 오면 어둠은 없어집니다. 어둠은 하나의 힘이나 세력이 아니라, 단순히 빛이 아직 오지 않은 상태를 지칭할 뿐입니다. 때로는 어둠이 길고 길어서 결국 끝나지 않는 건 아닌가 의심이 깊어지지만 그래도 우리는 빛을 따라 걸어갑니다. 세상의 진리는 오직 빛 안에, 오직 선한 빛 안에 있기 때문입니다.

17

동쪽에서 온 철학

아베로에스

번에 〈아테네 학당〉에서 살펴볼 인물은 피타고라스 뒤에 서 있는 기묘한 표정의 철학자입니다. 머리를 둘러싼 터번 덕분에 이 인물이 누구인지 쉽게 알 수 있습니다. 그는 바로 12세기에 활동했던 아랍의 철학자인 이븐 루시드Ibn Rushd입니다. 사실 아베로에스Averroës라는 라틴어식 이름으로 더 알려져 있죠. 그는 1126년에 태어나 1198년 사망했습니다.

아마도 여기서 의구심이 생기실 겁니다. 고대 그리스의 위대한 철학자들로 채워져 있는 〈아테네 학당〉에 왜 갑자기 아랍의 철학자가 등장할까요? 라파엘로가 그 이름도 다소 낯선 아랍의 철학자를 그려 넣은 이유는 무엇일까요?

⟨∘⟩

결론부터 말씀드리자면 〈아테네 학당〉 속 유일하게 등장하는 아랍인은 유럽 사회에 미친 아랍 지식인들의 영향력을 상징합니다. 그 역사적 영향력을 제대로 보여주는 대표적 인물이 바로 아베로에스였던 것이죠.

아베로에스는 오늘날 스페인 남부의 코르도바Córdoba 출신 철학자입니다. 이 이베리아반도는 8세기 무렵부터 아랍인들이 점령한 곳이었는데 코르도바는 그 정치·문화적 중심지였습니다. 아베로에스는 귀족이자 유명한 법학자 가문의 자제였습니다. 뛰어난 인재였던 그는 법학뿐만 아니라 의학, 언어학, 종교학 그리고 철학에 이르기

까지 다양한 학문을 익히고 연구했습니다. 이 과정에서 그는 일생의 학문 활동을 결정짓는 운명의 철학자를 만나게 되죠. 그 사람이 바로 아리스토텔레스입니다.

그는 아리스토텔레스야말로 '진정한 철학자이자 합리적 이성의 화신'이라고 생각했습니다. 그래서 아베로에스는 아리스토텔레스의 저술들을 아랍어로 번역하는 동시에 매우 정교하고 수준 높은 주석서를 집필하죠. 그는 아리스토텔레스의 저술에 담긴 사상적 깊이를 전달하는 데 집중했습니다. 그리고 이 책은 고스란히 다시 서유럽으로 전해집니다. 이 덕분에 유럽에서 아리스토텔레스가 학문적으로 부활하면서, 중세 철학의 전성기였던 스콜라 철학 시대가 본격적으로 막이 오르게 됩니다.

⊙◟◈◞⊙

여기서 잠시 의문이 생기실 겁니다. 아리스토텔레스를 부활시킨 철학자가 왜 유럽인이 아닌 아랍인이었을까요? 그 답은 역사 속에 있습니다.

서양 문명의 정신적 뿌리는 누가 뭐라 해도 고대 그리스의 철학입니다. 그러나 이 고대 그리스의 철학이 처음부터 일관되고 순탄하게 유럽의 문화 형성 과정을 규정해온 것은 아닙니다. 돌이켜 보면 참으로 복잡하고도 기구한 운명을 겪었지요. 여러분도 아시다시피, 고대 그리스 철학의 고향 아테네는 기원전 4세기에 마케도니아에 복속되었고 머지않아 그리스 지역 전체는 로마 제국의 지배 아래 들어 갔습니다. 이후 로마가 4세기에 서로마와 동로마로 분열된 후 유럽의 서쪽과 동쪽은 각각 서로 다른 정치적 변화를 겪었습니다. 그런데 그리스는 지역적으로나 언어적으로 동로마 제국의 영향권 아래 놓여 있었죠. 서로마, 그러니까 오늘날 서유럽의 대부분을 차지하는 지역에서는 상대적으로 고대 그리스의 문화에 대한 지식이 두텁지 못했습니다. 의외로 플라톤과 아리스토텔레스를 비롯한 그리스 철학에 대해서 엄밀한 연구가 드물었죠.

그런데 아리스토텔레스의 경우가 특이합니다. 아리스토텔레스의 방대한 저술들은 6세기경에 동방의 시리아로 전해졌고 그곳에서 시리아어로 번역되면서 집중적으로 연구되었습니다. 그러다가 7세기에 시리아가 아랍인들에 의해 정복됨으로써 아리스토텔레스의 그 엄청난 저술들이 아랍인들에게 넘어갔던 것입니다. 아랍의 철학자들은 아리스토텔레스의 저술들을 아랍어로 번역하고 주석을 달면서 매우 수준 높은 연구를 이어갔습니다. 그 대표적 학자 중 한 사람이 바로 아베로에스입니다. 이를 통해 아리스토텔레스의 저술과 사상이 서유럽에 본격적으로 소개된 것은 12세기 정도에 이르러서입니다.

⚜

아베로에스와 아리스토텔레스의 만남은 유럽 전체를 뒤흔드는 대사건이었습니다. 유럽에서는 플라톤과 아리스토텔레스의 텍스트들이 널리 알려지지도 않았거니와 고대 그리스어 해독을 자유로이 할 수 있는 학자들의 숫자도 매우 적었습니다. 만약 아베로에스를 비롯한 아랍의 학자들이 고대 그리스 철학자들의 사상을 번역하고 연구하지 않았다면 르네상스 철학은 존재하지 않았을지도 모릅니다. 그뿐만 아니라 아리스토텔레스의 철학을 이론적 토대로 삼았던 중세의 스콜라 철학도 불가능했을 것이고 기독교 교리의 이론적 골격 또한 지금과 많이 달라졌을지도 모릅니다.

이런 사정은 사실 플라톤의 경우도 마찬가지였습니다. 유럽은 르네상스 시기에 이르러서야 동방의 학자들 덕분에 플라톤의 저술을 본격적으로 재발견하게 되었죠. 르네상스 시기에 이탈리아 피렌체에서 메디치 가문의 후원을 받던 학자들이 플라톤을 재발견하고 이에 열광한 일은 유명합니다.

플라톤과 아리스토텔레스라는 두 거장은 동방의 학자들 덕분에 유럽에서 부활할 수 있었습니다. 비유컨대, 유럽은 그리스 철학을 잉태하고 출산했지만 그를 책임지고 성인이 될 때까지 키운 것은 아닙니다. 그의 유년 시절을 책임졌던 건 의외로 동방의 아랍인들, 아베로에스 같은 학자들이었습니다. 아랍인들이 주의 깊게 보살피면서 잘 키워낸 고대 그리스의 철학을 다시 유럽인들이 받아들인 셈이죠.

문화의 역사에서 이웃들로부터 고립되어 자신의 정체성을 형성한 사례는 없습니다. 모든 철학과 학문과 예술은 서로 다른 흐름끼리 부딪히고 교류하면서 깊이 있는 학문을 만들었습니다. 완전히 순수한 서양 문화라는 것은 존재하지 않습니다. 마찬가지로 완전히 순수한 동양 문화라는 것도 불가능한 개념입니다. 모든 것은 서로 섞여 흘러갑니다. 이렇게 보면 문화의 영역에서 누가 먼저 무엇을 시작했느냐는 질문은 별로 중요한 문제가 아닐지 모릅니다. 아이디어와 사상의 가치를 발견하고 자신의 노력을 통해서 그것을 키운 사람, 역사는 그런 사람들을 통해서 흘러왔습니다.

아베로에스의 이런 철학사적 공헌 때문에 그가 우리의 〈아테네 학당〉에 입학하는 것이 당연하다고 생각하실 수 있을 겁니다. 그러나 사정은 그리 간단하지 않습니다. 왜냐하면 서유럽의 가톨릭 교단이 치열한 논쟁 끝에 아베로에스의 철학을 정통 기독교 교리에 어긋나는 그릇된 입장으로 단죄했기 때문입니다. 이 문제는 중세 말기에 가장 뜨거운 신학적 이슈 중 하나였지요.

중세의 근본 문제는 크게 보면 역시 이성과 계시, 철학과 신학의 관계라 할 수 있습니다. 중세의 오랜 기간 동안 수많은 학자들이 이

필리피노 리피(Filippino Lippi), 〈이단에 대한 토마스 아퀴나스의 승리〉, 1491, 산타 마리아 소프라 미네르바 성당 프레스코(부분). 토마스 아퀴나스가 우스꽝스럽게 그려진 아베로에스를 단죄하고 있다.

둘의 올바른 관계에 대해서 사유하고 토론하고 논쟁했습니다. 물론 대개 둘 중 어느 하나의 승리를 명시적으로 선언하는 철학자는 많지 않았습니다. 극단에 있는 단 하나의 답만을 선택하는 것은 철학이 아닙니다. 중세의 철학자들은 이성과 계시 이 둘이 모두 인간 실존의 중요한 두 요소이고 따라서 그 둘은 상호 보완적이라는 데에 동의하죠. 그러나 철학적 논쟁의 과정 속에서 철학중심주의와 신학중심주의가 결국은 갈리게 됩니다.

∽∾∽

이 논쟁의 역사는 곧 중세 철학의 역사입니다. 그래서 이를 돌아보는 일은 매우 길고 자세하고 전문적인 작업이 될 터이지만, 일단 지금 우리의 관심인 아베로에스와 이슬람학자들의 문맥에만 시선을 돌려보겠습니다. 11세기의 이슬람 철학자 알가잘리Al-Ghazali, 1058~1111는 1095년에 저술한 『철학자의 모순』이라는 책에서 앞선 세대의 철학자인 아비센나Avicenna, 980~1037의 합리주의를 맹렬하게 공격했습니다. 알가잘리는 이성적 방법에 대한 아비센나의 확신은 자칫 신학의 올바른 자리를 위협한다고 여겼습니다. 여기에 아베로에스가 개입하게 되죠.

약 100년 후 그러니까 1180년에 아베로에스는 『모순의 모순』이라는 논쟁적인 책을 저술했습니다. 물론 이 제목은 알가잘리의 책 제목을 의식한 것입니다. 이 책에서 아베로에스는 아비센나의 지나친 이성중심주의에 대한 알가잘리의 비판은 일리가 있지만, 그 비판 과정에서 그 자신이 지나치게 신비주의로 기울었다고 평하고 있습니다. 그는 이성에 제자리를 찾아주어야 한다고 믿었습니다. 철학적 진리는 종교의 계시보다 결코 열등하지 않다고 말했습니다. 둘은 결국 같은 진리를 표현하고 있는 것이며 다만 진리에 이르는 서로 다른 두 가지 길이라는 것이죠. 아베로에스는 철학과 종교가 모순되지 않는다는 신념을 가르쳤습니다. 이는 "진리는 진리에 모순되지 않는다"라는 그의 말에 잘 표현되어 있습니다.

⌒◠⌒

아베로에스의 이런 입장은 많은 지지자를 얻게 되었습니다. 그리고 서유럽의 기독교 세계로까지 매우 빠르게 번져갔죠. 짐작하시겠지만 자연적 이성과 초자연적인 계시에 동등한 자격을 부여하는 아베로에스의 이런 합리주의는 기독교의 정통 교리를 옹호하는 사람들에게는 위험한 생각으로 보였습니다.

결국 13세기에 교회는 아베로에스의 합리주의가 기독교 교리에 위배된다고 단죄하기에 이르렀습니다. 그리고 토마스 아퀴나스가 아베로에스와 정면으로 대결하면서 아베로에스의 이름은 유럽에서 오류로 가득 찬 인간중심주의의 전형으로 간주되게 됩니다. 아베로에스라는 이름은 오염되고 부끄러운 이름으로 남게 되었습니다.

⌒◠⌒

바로 그 아베로에스가 16세기에 라파엘로의 〈아테네 학당〉에 다시 등장하게 되는 것입니다. 이단의 복권이라 할 만한 사건입니다. 더구나 여기는 지금 교황의 집무실입니다.

아베로에스가 이곳에 나타난 것은 사실 어마어마한 시대적 변화를 보여줍니다. 중세가 완전히 끝나고 새로운 시대가 시작되었다는 사실을 이 인물의 등장만큼 웅변적으로 보여주는 것은 없습니다. 이제 하나의 시대가 가고 새로운 시대가 왔습니다. 〈아테네 학당〉은 새 시대의 도래를 알리는 위대한 서곡입니다.

18

〈아테네 학당〉
그 이후의 이야기

파엘로의 그림 〈아테네 학당〉에서의 산책은 이제 마무리되고 있습니다. 살펴보지 못한 학자들이 남아 있지만 모두 자세하게 설명하는 일이 우리에게 지금 맡겨진 임무는 아닌 것 같습니다.

라파엘로가 로마로 와서 율리오 2세의 위임을 받고 맡은 첫 번째의 방이 '서명의 방'이었고, 그는 〈성체 논의〉, 〈파르나소스〉, 〈아테네 학당〉 그리고 〈기본적인 그리고 신학적인 덕목들〉의 순서로 작업을 마쳤습니다. 1509년에 작업을 시작해서 1511년에 완성하게 되었죠. 이에 그는 지체 없이 다음 방, 그러니까 '엘리오도로의 방'의 작업을 시작해서 1514년에 두 번째 방의 프레스코까지 마쳤지요. 1513년에 율리오 2세가 선종하긴 했지만 다음 교황 레오 10세도 라파엘로에게 신뢰를 보내면서 작업을 계속하도록 독려했습니다. 그래서 이후에 '보르고 화재의 방'이 완성되었지요. 그리고 마지막 '콘스탄티누스의 홀'의 프레스코에 착수한 것이 1517년입니다. 그러나 결국 이 방의 완성을 보지 못하고 라파엘로는 1520년에 세상을 떠났습니다.

이후에 그의 조수였던 지안프란체스코 펜니Gianfrancesco Penni, 1488~1528와 줄리오 로마노Giulio Romano, 1499~1546의 주도로 마지막 방이었던 '콘스탄티누스의 홀'의 프레스코가 완성되었습니다. 그러니까 지금 남아 있는 '라파엘로의 방' 넷을 그가 생전에 모두 완성할 수 있었던 것은 아니었습니다.

로마의 판테온에 있는 라파엘로의 무덤. 왼쪽에 라파엘로의 흉상이 있고, 바로 아래에 대리석에 새겨진 벰보의 비문이 있다. 가운데의 마돈나 조각상은 로렌제토(Lorenzetto, 1490~1541)의 작품이다. 그 오른편에는 라파엘로의 약혼녀 마리아 비비에나(Maria Bibiena)의 무덤이 있다.

라파엘로는 1520년 4월 6일에 사망했습니다. 그날은 그의 생일이기도 합니다. 그는 정확히 37년을 살다 갔습니다. 라파엘로는 그의 나이 25세 때 로마에 가서 약 12년 동안 시대를 대표하는 화가로 활동하다가, 그의 나이 37세 되던 해인 1520년에 세상을 떠났습니다. 아까운 나이였죠.

◎◉◈◉◎

라파엘로의 무덤은 로마의 '판테온Pantheon'에 있습니다. 미국의 소설가 댄 브라운의 소설『천사와 악마』에 이 라파엘로의 무덤이 등장하면서 더욱 널리 알려졌죠. 묘비명은 문학연구자이자 시인이었던 피에트로 벰보Pietro Bembo, 1470~1547가 썼습니다. 라파엘로는 벰보에 대한 인상적인 초상화도 남길 만큼 둘은 매우 가깝게 지낸 사이였죠. 라파엘로의 죽음을 애도하는 벰보의 묘비명은 다음과 같습니다.

Ille hic est Raffael, timuit quo sospite vinci,
rerum magna parens et moriente mori.

여기 저 유명한 라파엘로가 누워 있다.
모든 것들의 어머니인 대자연은,
그가 살아있을 때 그에게 죽임을 당할 것 같아 두려워했으며
그가 죽었을 때 그 자신 또한 죽을 것 같아 두려워했노라.

르네상스는 창조자이자 절대자인 신에 대한 중세의 칭송이 멈춘 자리에서 시작되었습니다. 중세에서 자연은 단순히 신의 피조물이었으니 진리를 찾아 나서는 자가 탐구해야 할 대상이 아니었습니다. 이제 르네상스 시대는 인간의 놀라운 이성과 만물의 근원으로서의 자연에 대한 경탄으로 가득했습니다. 자연을 닮으려 하고 자연과 하나가 되려 했습니다. 이 점에서 그들은 고대 아테네의 철학자들이 걷던 그 오래된 길을 다시 찾아 걸었지요. 벰보에 의하면 라파엘로는 자연과 하나였고, 따라서 그 자체로 하나의 탁월한 기적이었습니다.

◎◈◎

라파엘로가 세상을 떠난 후, 그다음의 모든 이야기는 우리가 잘 알고 있습니다. 비슷한 시기에 전설적인 출판인으로 왕성하게 활약했던 뉘른베르크의 안톤 코베르거Anton Koberger, 1440~1513, 베네치아의 알두스 마누티우스Aldus Manutius, 1449~1515, 바젤의 요한 프로벤Johann Froben, 1460~1527이 차례로 타계했습니다. 우리의 관심이 교황이 일하던 이탈리아 로마의 작은 집무실 동쪽 벽에 머물러 있었지만, 이 시기 유럽의 각지에서는 인쇄술이 활발히 보급되어서 책의 혁명, 지식의 혁명이 일어나고 있었습니다.

그리고 이 시기에 포르투갈의 탐험가 바스쿠 다가마Vasco da Gama, 1460~1524와 페르디난드 마젤란Ferdinand Magellan, 1480~1521은 고국을 떠나 대서양과 인도양 그리고 태평양을 누볐습니다. 라파엘로가 고대 그리스의 도시들을 철학적으로 탐험하는 동안, 배를 통해 세계를 탐험하고자 했던 이들은 지중해의 좁은 울타리를 벗어나서 새로운 세상으로 나아가고 있었죠.

이뿐 아닙니다. 이 시기에 독일의 종교개혁가 루터Martin Luther, 1483~1546는 '95개 논제'를 내걸어 가톨릭교회로부터 파문당했으며, 스위스의 츠빙글리Huldrych Zwingli, 1484~1531 또한 교회의 온전한 새 출발을 예고하는 '67개의 신조'를 발표했습니다. 기독교는 오래되고 굳어진 규율을 깨고 새로운 사상과 새로운 태도를 장착하기 시작했습니다. 그리고 이 무렵에 에라스무스Erasmus, 1466~1536가 1511년에 『우신예찬』을 펴냈고 마키아벨리Niccoló Machiavelli, 1469~1527가 1513년에 『군주론』을, 그리고 영국의 사상가 토마스 모어Thomas More, 1478~1535가 1516년에 『유토피아』를 발표했습니다. 또한 코페르니쿠스Nicolaus Copernicus, 1473~1543는 지동설의 기초 이론적 골격을 담고 있는 『짧은 해설서Commentariolus』를 1514년에 저술하여 배포했습니다. 그는 이를 오랫동안 가다듬어 1543년에 『천구의 회전에 관하여』라는 기념비적 저작을 출간하게 되죠. 스페인의 에르난 코르테스Hernán Cortés, 1485~1547가 남미의 아즈텍 제국을 정복하고 프란시스코 피사로Francisco Pizarro, 1475~1541가 잉카 제국을 무너뜨린 것도 이 무렵이었습니다.

라파엘로가 타계한 1520년, 유럽은 새로운 시대를 맞이할 준비로 분주합니다. 아직 새로운 시대 정신은 출현하지 않았지만 낡은 것은 허물어져 가고 있습니다. 16세기는 새로운 시대 정신의 발견으로 격렬하게 타올랐던 15세기를 지나 혁명적인 변혁들이 한 번에 몰아닥치는 17세기를 조용히 기다리고 있습니다. 16세기 유럽은 세계사적 전환을 착실하게 준비하고 있습니다. 고대의 위대한 유산을 장엄한 작품으로 남겨준 라파엘로가 타계한 1520년의 일입니다.

이제 긴 이야기를 천천히 접을 시간입니다. 그림의 마지막 인물로 시선을 옮겨봅니다. 맨 오른쪽 아래에 무심한 표정의 이 사내는 바로 라파엘로 자신입니다. 검은 모자를 쓰고 부드러운 시선으로 관객과 눈을 마주치고 있습니다. 주변의 다른 인물들과 같이 호흡하는 듯 보이지만 그는 매우 뚜렷한 자세로 정면을 응시하고 있죠.

이 〈아테네 학당〉은 사실 원근법perspective의 문맥에서 자주 인용되는 그림입니다. 원근법은 이탈리아 르네상스 시대 때 강렬하게 미술

사에 출현했습니다. 물론 원근법의 이념은 라파엘로 이전부터 꿈틀대고 시도되었습니다. 그러나 이 〈아테네 학당〉만큼 르네상스 시기 원근법의 전형을 또렷하게 그리고 아름답게 보여주는 작품은 없습니다.

원근법 아래에서 작가는 가까운 것은 크게 그리고 멀리 있는 것은 작게 그리게 되죠. 여기서 중심은 각 사물이 가지고 있는 고유한 의미가 아니라 작가의 시선입니다. 객관적 질서는 사라지고 주관적인 시선이 작품을 지배하게 되죠. 그래서 그림을 보는 우리도 원근법이 제시하는 소실점으로 우리의 시선을 모으게 됩니다. 그 작품의 중심으로부터 사물들을 재배치하게 되죠. 이로부터 흔히 말하는 근대적 주체가 출현합니다. 원근법은 내 눈에 보이는 대로 이 세상을 그리겠다는 예술가의 선언입니다. 나의 시각적 전망을 다른 어느 누구도 대체할 수 없습니다.

그런데 이 〈아테네 학당〉의 작가 라파엘로가 이 원근법적 시선을 방해하고 있습니다. 고대의 천재들 사이에 자신을 그려 넣으며 라파엘로는 근대적 시선을 상대화하는 자신만의 시선을 담아낸 셈입니다.

◦◦◦◦◦

라파엘로의 얼굴은 그가 남긴 이 〈아테네 학당〉 프레스코의 밑그림인 카르토네에는 들어 있지 않았습니다. 만일 그랬다면 교황과 교회의 다른 지도자들이 동의하지 않았겠지요. 라파엘로는 그러나 최종으로 완성된 그림에 자신의 당당한 얼굴을 담았습니다. 그는 고대를 보며 중세를 회고하고 르네상스를 살며 근대를 내다보고 있습니다.

〈아테네 학당〉은 그렇게 길게 역사를 가로질러 왔습니다. 철학은 여기서 자신의 역사에 대한 아름다운 자화상을 얻었습니다. 고대와 중세와 르네상스와 근대가, 또한 철학과 과학과 예술이 이 위대한 그

림에서 만나고 있습니다. 라파엘로의 〈아테네 학당〉은 역사의 풍요
로움에 대한 아름다운 증거이자 철학에 내려진 놀라운 축복입니다.

하늘은 때로 오랜 기간 동안 여러 사람에게 나누어줄 만한
저 무한히 크고 귀한 선물들을
오직 한 사람에게 크게 퍼부어주는 관대함과
친절함을 보여줄 때가 있는데,
우르비노의 라파엘로 산치오가 바로 이런 경우다.

조르조 바사리 Giorgio Vasari 1511~1574

라파엘로의 〈아테네 학당〉을 통해 바라본 철학의 풍경!

이 책은 라파엘로의 〈아테네 학당〉에 등장하는 고대 그리스의 철학자들을 이 그림에 의지해서 설명하려는 시도입니다. 고대 철학을 라파엘로의 그림이라는 창을 통해서 바라보려 하는 것이죠. 이 창은 정말 훌륭한 풍경을 우리에게 선사합니다.

이 그림을 주제로 강의하던 중에 고대 그리스 철학을 강의하는데 왜 하필 이 그림을 가지고 설명하는지 질문을 받은 적이 있습니다. 저는 지금도 고대 그리스 철학자들을 이 〈아테네 학당〉만큼 한군데에 모두 모아놓고 묘사한 그림이 있는지 알지 못합니다. 단순히 모아놓은 것뿐만 아니라, 놀라울 만큼 많은 상징과 세심한 표현을 통해서 철학자들의 개성을 드러내려 했습니다.

_서문 중에서

〈아테네 학당〉의 위대한 철학자들이 안내하는 매력적인 철학의 세계!

철학은 여기서 자신의 역사에 대한 아름다운 자화상을 얻었습니다.
고대와 중세와 르네상스와 근대가, 또한 철학과 과학과 예술이
이 위대한 그림에서 만나고 있습니다.
라파엘로의 〈아테네 학당〉은 역사의 풍요로움에 대한
아름다운 증거이자 철학에 내려진 놀라운 축복입니다.

_본문 중에서

값 13,000원

03160

9 791158 711788

ISBN 979-11-5871-178-8